法官说法丛书

全国“八五”普法推荐读物

CASE

劳动合同纠纷典型案例解析

ANALYSIS

鲁桂华 / 主编

中国法制出版社
CHINA LEGAL PUBLISHING HOUSE

《法官说法丛书》（第二辑）

总编委会

本书编委会

作　者

肖荣远　北京市第二中级人民法院民五庭庭长、二级高级法官、北京市审判业务专家

宋　猛　北京市第二中级人民法院民一庭副庭长、三级高级法官

窦江涛　北京市第二中级人民法院民五庭副庭长、三级高级法官

史　伟　北京市第二中级人民法院民五庭三级高级法官

王丰伦　北京市第二中级人民法院民五庭三级高级法官

卜晓飞　北京市第二中级人民法院民五庭三级高级法官

管元梓　北京市第二中级人民法院民五庭三级高级法官

张　洁　北京市第二中级人民法院民五庭四级高级法官

易晶晶　北京市第二中级人民法院民五庭四级高级法官

刘　艳　北京市第二中级人民法院民五庭四级高级法官

董和平　北京市第二中级人民法院民五庭一级法官助理

马卫丰　北京市第二中级人民法院民五庭一级法官助理

李　昂　北京市第二中级人民法院民五庭一级法官助理

金　铭　北京市第二中级人民法院民五庭二级法官助理

蒋　媚　北京市第二中级人民法院民五庭二级法官助理

郝晓飞　北京市第二中级人民法院民五庭三级法官助理

王琳琳　北京市第二中级人民法院民五庭四级法官助理

韩郭玲　北京市第二中级人民法院民五庭四级法官助理

莎其拉　北京市第二中级人民法院民五庭四级法官助理

朱　芸　北京市第二中级人民法院民五庭法官助理

刘盼盼　北京市大兴区人民法院法官助理

目录

CONTENTS

第二章 劳动合同的履行和变更

第三章 劳动合同的解除和终止

第一章

劳动合同的订立和效力

案例一

劳动合同的概念

——劳动者与用人单位建立劳动关系、明确双方权利和义务的协议

肖荣远[①]

案情回顾

（一）餐饮公司总经理索要未签订劳动合同的二倍工资

我国法律规定，用人单位和劳动者之间建立劳动关系，应当签订书面劳动合同。但现实生活中，存在双方虽然签订了书面合同，但所签合同不符合劳动合同的要件，或者仅由一方出具书面文件，甚至未形成任何书面文件，用人单位就开始实际使用劳动者的现象。由此引发的用人单位和劳动者之间是否签订了书面劳动合同，甚至是否建立劳动关系的纠纷屡见不鲜。

2011 年 5 月 20 日，富豪餐饮公司向郑美食[②]发出《聘任书》，载明“聘任郑美食先生为本公司韩餐总经理，基本年薪为税后人民币 52 万元。聘期自 2011 年 7 月 1 日起至 2016 年 6 月 30 日止”，落款为富豪餐饮公司（公章）和“董事长：李一”。郑美食收到该《聘任书》，并未在其上签章。2011 年 7 月 1 日，郑美食入职富豪餐饮公司工作。

2011 年 9 月 22 日，富豪餐饮公司向郑美食发出一份《停职通知书》，载明：自 2011 年 9 月 24 日开始，停止郑美食总经理的工作职务，要求郑美食于 2011 年 9 月 26 日之前到公司总部报到，逾期三日，视为自动离职。9 月 26 日，郑美食离职，至此双方劳动关系解除。

2012 年 2 月 20 日，郑美食提起劳动仲裁，要求富豪餐饮公司向其支付

① 北京市第二中级人民法院民五庭法官。

② 本书案例中的公司名称及人物姓名均为化名。

未签订书面劳动合同的二倍工资86666.67元。

2012年4月24日，劳动仲裁委裁定：富豪餐饮公司向郑美食支付未签订书面劳动合同的二倍工资的差额部分77202.40元。富豪餐饮公司不服仲裁裁决，起诉至法院。郑美食未向法院起诉，认可仲裁裁决内容。

富豪餐饮公司起诉称：其向郑美食签发的《聘任书》完全可以视为一份简易的劳动合同，对仲裁委以52万元年薪为标准计算郑美食的月薪有异议，请求法院判令：不支付郑美食未签订书面劳动合同的二倍工资的差额部分77202.4元。

郑美食辩称：1. 2011年7月1日至9月26日期间，双方之间存在事实劳动关系，没有签订书面劳动合同；2. 2011年5月20日富豪餐饮公司发出的《聘任书》，仅仅是对郑美食聘任职位、期间和年薪的基本公示，因其缺乏法律规定的劳动合同必备条款，不能等同于书面劳动合同。富豪餐饮公司庭审中不承认《聘任书》上载明的郑美食基本工资数额，也从侧面反映出聘任书不能充分保证劳动者的合法权益，不能简单地以一纸聘书来取代书面劳动合同的作用。

（二）法院审理结果

法院经审理认为：本案中，富豪餐饮公司和郑美食对双方之间建立劳动关系和解除劳动关系的时间均无异议，但富豪餐饮公司主张其发给郑美食的《聘任书》就是双方签订的书面劳动合同，同时又认为不能按照该聘书载明的年薪来计算郑美食的月工资。

关于《聘任书》能否视为双方已签订书面劳动合同的问题。根据《劳动合同法》第十六条之规定，劳动合同是劳动者和用人单位就劳动权利义务的相关内容协商一致确定的协议，必须经双方在合同文本上签字或盖章而生效。本案中，《聘任书》是用人单位单方发给劳动者的文书，既没有郑美食的签字，也没有二者各执一份，故从形式要件上来看，《聘任书》不符合签订书面劳动合同的条件。根据《劳动合同法》第十七条的规定，劳动合同的内容包括必备条款和其他事项。本案中，《聘任书》只载明了劳动者和用人单位的名称、在聘职务和期间、劳动报酬，对诸如工作内容和地点、工作时间和休息休假、社会保险和劳动保护等劳动合同的必备内容只字未提，故从必备条款来看，《聘任书》也不符合书面劳动合同文本的条件。因此，不能认定《聘任书》就是书面劳动合同。2011 年 7 月 1 日，郑美食入职富豪餐饮公司工作。双方自该日起建立劳动关系。富豪餐饮公司自该日起超过一个月未与郑美食签订劳动合同，依法应当自用工之日（2011 年 7 月 1 日）起满一个月的次日（2011 年 8 月 1 日）起向郑美食支付二倍工资，至双方解除劳动关系之日（2011 年 9 月 26 日）止。因富豪餐饮公司已经按月向郑美食支付了工资，现只需再向其支付未签订书面劳动合同的二倍工资的差额部分。富豪餐饮公司向郑美食发出的《聘任书》中载明郑美食的“劳动报酬”为年薪税后 52 万元，之后郑美食入职富豪餐饮公司，表明双方就此已达成一致，故郑美食的月工资标准应照此认定。据此计算，富豪餐饮公司应向郑美食支付的二倍工资的差额应为 79195.42 元。最终，法院判决：富豪餐饮公司于判决发生法律效力之日起十日内支付郑美食未签订书面劳动合同的二倍工资的差额 79195.42 元，驳回富豪公司的其他诉讼请求。

（三）本案争议焦点及主要法律问题

本案争议焦点为富豪公司向郑美食发出的《聘任书》是否属于书面劳动合同。判断《聘任书》是否属于书面劳动合同，关键是要正确理解劳动合同的概念。

法理分析

（一）我国劳动合同制度的立法沿革

我国的劳动合同制度是改革开放的产物，20 世纪 80 年代开始试点，当时主要是为了解决计划经济时期实行“统包统配”的固定工制度下存在的“铁饭碗”弊端。1983 年，原劳动人事部发布《关于积极试行劳动合同制的通知》，要求全民所有制以及县、区级以上的集体所有制单位，必须签订劳动合同。1986年，国务院颁发《国营企业实行劳动合同制暂行规定》，明确规定：国营企业在国家劳动工资计划指标内招用常年性工作岗位上的工人，除国家另有特别规定外，统一实行劳动合同制。1992年和1994年，原劳动部又先后发布《关于扩大试行全员劳动合同制的通知》《关于全面实行劳动合同制的通知》，要求“到1996年底，除个别地区和少数特殊情况的企业外，应基本在全国范围内全面实行劳动合同制度”。1994年7月5日，第八届全国人民代表大会常务委员会通过《劳动法》，将劳动合同制度以法律的形式正式确定下来。2007年6月29日，第十届全国人民代表大会常务委员会通过《劳动合同法》，这是我国第一部关于劳动合同的专门法律。2008年9月18日，国务院颁布《劳动合同法实施条例》，对劳动合同法律制度进行了进一步细化。随着《劳动法》的颁布，劳动合同逐步成为我国调整劳动关系的基本法律形式，也是确立劳动者与用人单位劳动关系的重要前提，在劳动法上占据了核心的地位[①]。

（二）劳动合同的概念分析

劳动合同是劳动法上的概念。随着劳动法从民法中独立出来，成为社会法的组成部分，劳动合同也已从民事合同中独立出来。劳动合同虽然还与民事合同保持着密切联系，在合同订立等方面仍然遵循民事合同的基本规则，但已与民事合同存在本质区别，主要是由于劳动法实行对劳动者倾斜保护的原则，为此制定了大量的强制性规定，劳动合同的内容因受到这些强制性规定的限制，已经无法贯彻民事合同最基本的意思自治理念。关于劳动合同的概念，《劳动法》第十六条第一款作出了明确规定，劳动合同是劳动者与用人单位确立劳动关系、明确双方权利和义务的协议。对于劳动合同的概念，可以从以下四个方面来理解。

---

① 林嘉：《劳动法的原理、体系与问题》，法律出版社2016年版，第150页。

1. 劳动合同是一种书面形式的协议

首先，劳动合同是当事人之间的一种协议。劳动合同是合同的一种，具有合同最基本的“协议”属性，即它是双方当事人经自愿协商、意思表示一致达成的产物，是双方关于合同权利和义务的约定。因此，劳动合同的订立要遵循民事合同的合法、公平、平等自愿、协商一致、诚实信用的原则，劳动合同签订的过程也应符合民事合同关于要约、承诺的规则。

其次，劳动合同应当采取书面形式。由于劳动合同对于保护劳动者权益具有特别重要的意义，除了非全日制用工双方当事人可以订立口头协议外，《劳动合同法》第十条、第十六条明确规定，建立劳动关系，应当订立书面劳动合同。已建立劳动关系，未同时订立书面劳动合同的，应当自用工之日起一个月内订立书面劳动合同。劳动合同由用人单位与劳动者协商一致，并经用人单位与劳动者在劳动合同文本上签字或者盖章生效。同时《劳动合同法》规定了用人单位未与劳动者签订书面劳动合同的后果。其中第八十二条第一款规定，用人单位自用工之日起超过一个月不满一年未与劳动者订立书面劳动合同的，应当向劳动者每月支付二倍的工资。第十四条第三款规定，用人单位自用工之日起满一年不与劳动者订立书面劳动合同的，视为用人单位与劳动者已订立无固定期限劳动合同。

2. 劳动合同的主体是用人单位和劳动者

劳动合同的主体与其他类型的合同相比，具有鲜明的特点：一方必须是使用劳动力的用人单位，另一方必须是提供劳动力的劳动者。同时，用人单位和劳动者都必须符合法律规定的条件。根据《劳动合同法》第二条[①]规定，用人单位包括我国境内的各类企业（如企业法人、合伙企业、个人独资企业）、个体工商户、民办非企业单位（如民办学校、民办医院）、国家机关、事业单位、社会团体（如工会、妇联、行业协会等）等。《劳动合同法实施

① 中华人民共和国境内的企业、个体经济组织、民办非企业单位等组织（以下称用人单位）与劳动者建立劳动关系，订立、履行、变更、解除或者终止劳动合同，适用本法。国家机关、事业单位、社会团体和与其建立劳动关系的劳动者，订立、履行、变更、解除或者终止劳动合同，依照本法执行。

条例》第三条和第四条分别规定："依法成立的会计师事务所、律师事务所等合伙组织和基金会，属于劳动合同法规定的用人单位。"（其中合伙组织指合伙企业以外的合伙组织）"劳动合同法规定的用人单位设立的分支机构，依法取得营业执照或者登记证书的，可以作为用人单位与劳动者订立劳动合同；未依法取得营业执照或者登记证书的，受用人单位委托可以与劳动者订立劳动合同。"

劳动者，是指达到法定的劳动年龄，依法享有劳动能力的自然人。成为劳动者须具备两个条件：1. 符合法定劳动年龄。我国目前法定劳动年龄为男16—60周岁，女16—55周岁。《劳动法》禁止用人单位招用未满16周岁的未成年人。文艺、体育和特种工艺招用未满16周岁的未成年人，必须依照国家有关规定，履行审批手续，并保障其接受义务教育的权利。达到法定退休年龄（男60周岁、女55周岁），已经依法享受养老保险待遇或领取退休金的人员，不能成为劳动合同法上的劳动者，用人单位招用的，双方之间属于劳务关系，不是劳动关系。2. 具有劳动能力。劳动能力是凭借自己的智力和体力完成某项工作的能力，具体包括两个方面：一是精神正常；二是具有从事劳动所必须的身体机能。不能辨认自己行为的精神病人、完全丧失劳动能力的残疾人都不能成为劳动者。

3. 劳动合同的当事人之间是劳动关系

劳动关系，是劳动者与用人单位之间在劳动过程中发生的，一方提供劳动力、另一方提供劳动报酬的社会关系。劳动合同兼有形式上的平等性和实质上的从属性特点。形式上的平等性，是指从表面上看，劳动关系是劳动者以劳动力使用权，用人单位以财产（劳动报酬）所有权，通过劳动合同这种方式，自愿平等进行的一种交换。实质上的从属性，是指双方当事人之间的关系实质上是不平等的，劳动者处于从属地位。具体来说，用人单位要将劳动者纳入其组织之中，置于其控制之下，用人单位决定劳动者的工作时间、工作地点、工作内容、劳动强度、劳动过程，劳动者提供劳动时需遵从用人单位的工作安排，听从用人单位的指挥、管理，遵守用人单位的规章制度。

4. 劳动合同的内容具有较多的强制性

劳动合同的内容，是指双方当事人在劳动合同中的权利和义务。《劳动合同法》第十七条[①]对劳动合同的内容作出了列举性规定，包括必备条款和其他条款。必备条款是劳动合同必须具备的条款。其他条款则是提示性规定，当事人可以选择适用。

劳动合同虽然在订立上与民事合同一样，是双方经自愿协商签订的，但是由于劳动者在劳动关系中处于从属地位，法律为了加强对于劳动者的保护，对劳动合同的内容设置了很多强制性的规定，如最低工资标准、最长工作时间、劳动安全和卫生条件、社会保险缴纳等。当事人在订立劳动合同时，不得违背法律的强制性规定。否则，会导致相关约定无效，用人单位因此要承担相应的民事责任，情节严重的甚至要承担行政责任。

（三）本案简析

结合劳动合同的概念分析，本案富豪餐饮公司和郑美食具备劳动的主体资格，双方也认可建立了劳动关系，但富豪餐饮公司发出的《聘任书》没有郑美食的签字，不符合劳动合同应由双方签字或盖章的要求，并且其内容简单，不完全具备劳动合同的必备条款，故《聘任书》不属于书面劳动合同。法院据此判决富豪餐饮公司向郑美食支付未签订书面劳动合同的二倍工资的差额，公正合法。

知识拓展

订立劳动合同以建立劳动关系为目的。但是，订立书面劳动合同与建立劳动关系并不是一回事。理解劳动合同的概念，还需正确理解二者的关系。

---

① 劳动合同应当具备以下条款：（一）用人单位的名称、住所和法定代表人或者主要负责人；（二）劳动者的姓名、住址和居民身份证或者其他有效身份证件号码；（三）劳动合同期限；（四）工作内容和工作地点；（五）工作时间和休息休假；（六）劳动报酬；（七）社会保险；（八）劳动保护、劳动条件和职业危害防护；（九）法律、法规规定应当纳入劳动合同的其他事项。

《劳动合同法》第七条规定："用人单位自用工之日起即与劳动者建立劳动关系。"其中的"用工"，是指用人单位开始使用劳动者提供的劳动。《劳动合同法》第十条第一款、第二款规定："建立劳动关系，应当订立书面劳动合同。已建立劳动关系，未同时订立书面劳动合同的，应当自用工之日起一个月内订立书面劳动合同。"根据上述规定，订立书面劳动合同与建立劳动关系在时间上不一定一致。二者的关系可以分为三种情况来理解。

（一）在用工的同时订立书面劳动合同

这种情况下，用工之日就是建立劳动关系之日，也是订立书面劳动合同之日。建立劳动关系与订立书面劳动合同是同步的，这种是最无争议的情况。

（二）在用工之后订立书面劳动合同

这种情况是先建立劳动关系，后签订书面劳动合同。《劳动合同法》对这种情况是有条件允许：用人单位在用工之日起一个月内补签书面劳动合同的，属于合法；超过一个月未补签的，构成违法，应承担相应后果。

（三）在用工前签订书面劳动合同

这种情况是先签订书面劳动合同，后建立劳动关系，也是完全正常合法的。但在书面劳动合同签订之后至劳动关系建立之前，双方之间的权利义务容易引起争议。

普法提示

《劳动合同法》之所以特别强调用人单位与劳动者要订立书面劳动合同，是因为订立书面劳动合同对于建立和谐稳定的劳动关系，预防和化解劳动争议具有非常重要的作用。针对目前现实生活中还大量存在用人单位和劳动者不签订劳动合同的现象，本文提供以下三点建议。

（一）充分认识书面劳动合同的作用

劳动合同是明确用人单位与劳动者权利与义务的重要载体。签订书面劳动合同至少有以下三个方面的重要作用：第一，书面劳动合同对当事人权利、义务的约定全面、明确、具体，有利于提高当事人履行合同的自觉性，减少争议的发生。第二，书面劳动合同由双方各持一份，在双方发生纠纷时可作为最基本的证据。书面劳动合同的提供，有利于仲裁机构、人民法院查明事实，分清是非，公正地解决纠纷，维护当事人的合法权益。第三，书面劳动合同也有利于劳动主管部门监督用人单位的违法行为，通过行政手段预防和解决劳动争议。

建立劳动关系而不签订书面劳动合同，对于用人单位和劳动者都存在很大的法律风险。部分用人单位出于某种动机，拒绝与劳动者订立书面劳动合同，结果除了履行了各种合同义务，还承担了未订立书面劳动合同的二倍工资的责任。不少劳动者由于缺乏法律意识，未与用人单位签订书面劳动合同，导致发生劳动争议时对自己的工资、奖金标准，甚至已实际提供的劳动不能提供证据，导致败诉，合法权益无法得到保护。因此，无论是用人单位，还是劳动者，都应该充分认识书面劳动合同的重要作用，自觉签订书面劳动合同。

（二）及时正确地签订劳动合同

《劳动合同法》不仅规定用人单位要与劳动者签订书面合同，还规定了签订书面劳动合同的期限，以及不按期签订劳动合同的法律后果。劳动关系一旦建立，用工过程中的各种其他纠纷随时都有可能发生，如果双方尚未签订书面劳动合同，上述未签订书面劳动合同存在的其他法律风险也相应的存在。因此，用人单位和劳动者为避免承担相应的法律风险，应当及时订立书面劳动合同。

签订书面劳动合同，首先，应当坚持诚实信用原则。《劳动合同法》第八条规定，用人单位招用劳动者时，应当如实告知劳动者工作内容、工作条件、工作地点、职业危害、劳动报酬，以及劳动者要求了解的其他情况；用人单位有权了解劳动者与劳动合同直接相关的基本情况，劳动者应当如实说明。据此，双方在订立合同过程中都负有如实告知的义务，不得有欺诈行为。其次，双方签订书面劳动合同的内容应当完备、合法。就是说，书面劳动合同应当具备劳动合同的必备条款，也可以根据需要选择约定其他条款。而且，劳动合同所有条款的内容，都不得违反国家的强制性规定。

（三）诚信地履行劳动合同

依法成立的劳动合同具有约束力，用人单位和劳动者均应当全面履行劳动合同约定的义务。用人单位要按照合同约定，向劳动者提供劳动条件和劳动保护，按时发放劳动报酬，提供相应福利待遇，为劳动者缴纳社会保险；劳动者应当服从用人单位的指挥和管理，按照劳动合同约定的时间、地点和方式提供劳动，在劳动过程中遵从用人单位的各项规章制度和劳动纪律，尽职尽责地完成工作任务。在合同履行遇到困难或发生争议时，双方均应秉持诚实信用原则，不得擅自单方变更或解除劳动合同，激化矛盾，而应通过友好协商的方式解决问题，共同维护和谐稳定的劳动关系。

案例二

劳动合同订立和续订

——建立劳动关系就应当订立书面劳动合同

董和平[①]

案情回顾

（一）未签订书面劳动合同被要求支付二倍工资

劳动合同是用人单位与劳动者确立劳动关系、明确双方权利义务的协议，在双方建立劳动关系的同时应当签订书面劳动合同。但现实中有很多用人单位不与劳动者签订书面劳动合同。

2019 年 3 月 1 日，林某提出离职申请。同月，林某提起劳动仲裁，要求幸福物业公司支付 2019 年 1 月 21 日至 3 月 1 日未签订书面劳动合同的二倍工资的差额。2019 年 5 月 6 日，仲裁委员会裁决：幸福物业公司支付林某 2019 年 1 月 21 日至 3 月 1 日未签订书面劳动合同的二倍工资的差额 4608.80 元。幸福物业公司不服裁决，认为林某与其他员工一样已享受各项福利待遇，起诉请求不支付未签订书面劳动合同的二倍工资的差额。

（二）法院审理结果

经过审理，一审法院认为，林某于 2018 年 12 月 21 日入职幸福物业公司，双方未签书面劳动合同，幸福物业公司应自 2019 年 1 月 21 日起向林某支付未签订书面劳动合同的二倍工资，判决：幸福物业公司支付林某 2019 年 1 月 21 日至 2019 年 3 月 1 日期间未签订书面劳动合同的二倍工资的差额 4608.80 元，并驳回幸福物业公司的诉讼请求。宣判后，幸福物业公司在法定期限内

① 北京市第二中级人民法院民五庭法官助理。

上诉。二审法院认为，一审法院判令幸福物业公司支付林某2019年1月21日至2019年3月1日期间未签订书面劳动合同的二倍工资的差额，符合法律规定，判决：驳回上诉，维持原判。

（三）本案争议焦点及主要法律问题

本案双方对劳动关系期间并无争议，主要争议焦点是幸福物业公司是否还应支付林某未签订书面劳动合同的二倍工资的差额。《劳动合同法》第八十二条第一款规定，用人单位自用工之日起超过一个月不满一年未与劳动者订立书面劳动合同的，应当向劳动者每月支付二倍的工资。其中及其他法律法规均未规定不予支付的情形，那么幸福物业公司的起诉理由在法院审理案件中是否会影响该法条的适用呢？

法理分析

（一）立法沿革："二倍工资"的由来

随着经济体制改革不断深化，我国的劳动合同制度逐步建立和发展起来。1994年7月，全国人民代表大会常务委员会通过了《劳动法》，其中第十六条规定，建立劳动关系应当订立劳动合同。但2005年全国人民代表大会常务委员会在劳动法执法检查中发现，中小型企业和非公有制企业的劳动合同签订率不到20%，个体经济组织的签订率更低[①]。没有书面劳动合同，只有口头的协议，用人单位与劳动者的劳动关系的内容不确定，当发生争议的时候，劳动者往往拿不出维护自己权益的证据。

劳动合同签订率低，除人为因素外，主要还是劳动合同制度的具体责任规定不明确。《劳动法》第九十八条虽然规定，用人单位故意拖延不订立劳动合同，由劳动行政部门责令改正，对劳动者造成伤害的，应当承担赔偿责

① 来自全国人大法律委员会主任委员杨景宇在全国人大常委会办公厅举行的劳动合同法视频报告会上的辅导报告。

任，但对拖延的认定标准和赔偿的范围没有规定，实践中难以把握。2008 年 1 月 1 日开始施行的《劳动合同法》的宗旨是为了完善劳动合同制度，明确劳动合同双方当事人的权利和义务，保护劳动者的合法权益，构建和发展和谐稳定的劳动关系。其中规定了二倍工资制度，且明确了支付期间，用人单位不签劳动合同将面临更为严厉的罚则，很好地弥补了上述不足。

（二）理论辨析

本案中，幸福物业公司主张林某与其他员工一样享受各项福利待遇，不应再支付未签订书面劳动合同的二倍工资的差额。但如上所述，二倍工资的规定是为了弥补《劳动法》的不足，促使用人单位积极与劳动者签订劳动合同，提高劳动合同的签订率，从而明确劳动合同双方当事人的权利和义务，降低劳动争议的发生，维护劳动关系的和谐稳定，并不以劳动者的权益是否受损为条件。所以幸福物业公司即使向林某提供了劳动条件，支付了工资，交纳了社会保险，履行了用人单位的法定义务，林某没有损失，但认为这样就可以不用支付未签订劳动合同的二倍工资的差额是错误的。

知识拓展

用人单位与劳动者签订的如是固定期限劳动合同，即约定有合同终止时间，那么双方就可能涉及续签劳动合同事宜。实践中，劳动合同期满后，劳动者仍在原用人单位工作，双方未续签书面劳动合同的情形并不少见。有的用人单位认为根据《劳动部关于实行劳动合同制度若干问题的通知》第十四条[①]及《最高人民法院关于审理劳动争议案件适用法律若干问题的解释》第十六条（已失效，现见《最高人民法院关于审理劳动争议案件适用法律问题

---

① 《劳动部关于实行劳动合同制度若干问题的通知》第十四条：有固定期限的劳动合同期满后，因用人单位方面的原因未办理终止或续订手续而形成事实劳动关系的，视为续订劳动合同。用人单位应及时与劳动者协商合同期限，办理续订手续。由此给劳动者造成损失的，该用人单位应当依法承担赔偿责任。

的解释（一）》第三十四条第一款[①]），双方视为已续订劳动合同或以原条件继续履行劳动合同，因此无须再支付未签订书面劳动合同的二倍工资。有的用人单位还认为并没有法条规定没有续签合同，要支付二倍工资，所以不用支付。还有用人单位同上面的案例一样，认为其履行了用人单位的法定义务，劳动者的合法权益已经得到完全保护，再惩罚用人单位是不公正的。

我们来看看法院就阿朱与天山公司之间因未及时续签书面劳动合同而引发的劳动争议的判决结果：阿朱于 2016 年 4 月 25 日入职天山公司，双方签订了自 2016 年 4 月 25 日起至 2018 年 4 月 24 日止的劳动合同。期满后，阿朱继续在天山公司工作，但双方未再签订书面劳动合同，直至 2018 年 12 月 1 日，双方又签订了自 2018 年 12 月 1 日起至 2019 年 11 月 30 日止的劳动合同。仲裁委员会和一二审法院均裁判天山公司应支付阿朱 2018 年 4 月 25 日至 2018 年 11 月 30 日期间未签订劳动合同的二倍工资的差额。

《劳动合同法》第十四条第二款第三项规定连续订立固定期限劳动合同的次数，自 2008 年 1 月 1 日开始，签订无固定期限劳动合同的情况就是续签劳动合同，并非开始建立劳动关系。用人单位与劳动者之间只要存在劳动关系，就应当有相应的书面劳动合同，这也与《劳动合同法》第十条的意思一致。为了实现这个目的，那么所有未签订书面劳动合同的二倍工资的规定同样适用于续签劳动合同。在《劳动合同法》于 2008 年 1 月 1 日施行后，所有与之不同的规定就应当以《劳动合同法》为准。所以用人单位与劳动者的劳动合同期满，如双方未终止劳动关系，就应当及时签订新的书面劳动合同，否则就应当支付未签订书面劳动合同的二倍工资。这也是阿朱的请求被支持的原因。

---

① 《最高人民法院关于审理劳动争议案件适用法律问题的解释（一）》第三十四条第一款：劳动合同期满后，劳动者仍在原用人单位工作，原用人单位未表示异议的，视为双方同意以原条件继续履行劳动合同。一方提出终止劳动关系的，人民法院应予支持。

普法提示

本文通过对幸福物业公司与林某入职未签订书面劳动合同争议案件和另外延伸拓展的天山公司与阿朱未续签书面劳动合同的案例，以及阐述解析《劳动合同法》的具体法律规定，提醒用人单位与劳动者建立劳动关系应当及时订立书面劳动合同，劳动合同期满未终止劳动关系时应当及时续订书面劳动合同，明确双方权利义务的协议。

全面实行劳动合同制度，加强劳动合同管理，不断提高劳动关系双方当事人的合同意识，依法签订并严格履行劳动合同，充分发挥劳动合同在调整劳动关系中的积极作用，构建和维护和谐稳定的劳动关系，促进用人单位发展壮大、劳动者成长成才，从而实现共赢。同时用人单位与劳动者双方签订劳动合同要遵循平等自愿、协商一致的原则，签订劳动合同要符合法律、法规的规定，合同内容要尽量全面，合同的语言表达要明确、易懂。

用人单位应积极与劳动者签订书面劳动合同。用人单位自用工之日起即与劳动者建立劳动关系，用人单位应同时与劳动者订立书面劳动合同，或自用工之日起一个月内订立书面劳动合同，否则如上所述，用人单位就可能自第二个月起每月支付二倍工资，共计 11 个月，12 个月后视为与劳动者已订立无固定期限劳动合同。劳动合同期满前，用人单位应做好续签劳动合同的准备，并询问劳动者的意见，分别根据不同的情况，或终止劳动合同，或签订固定期限劳动合同，或签订无固定期限劳动合同。

劳动者应督促配合用人单位签订劳动合同。虽然用人单位未与劳动者签订书面劳动合同，劳动者可以要求用人单位每月支付二倍工资，相当于收入提高了一倍，但审判实践中，更多的是因为没有签订劳动合同，用人单位否认与劳动者存在劳动关系，劳动者因此败诉的。所以如果用人单位未与劳动者签订劳动合同，劳动者应当及时催促用人单位与自己签订劳动合同，从而明确劳动关系、合同期限、工作岗位及工资报酬等情况，以此作为发生争议时维护自己合法权益的有利证据。同时应该注意的是，劳动者没有正当理由不能拒绝与用人单位签订劳动合同，否则用人单位可以以此解除双方之间的劳动关系。

案例三

劳动合同试用期间劳动者和用人单位双方的权利义务

——劳动者在试用期间被证明不符合录用条件的，用人单位可以解除劳动合同

刘艳[①]

案情回顾

（一）保险销售经理在试用期内业绩不达标被解除劳动合同

劳动合同是劳动力市场的重要因素，但签订了劳动合同也并不意味着劳动者就进了“保险箱”，端上了“铁饭碗”。试用期作为劳动关系中的一个特殊阶段，其作用是调整劳动关系双方当事人的权利义务，帮助用人单位以最低的成本争取更优秀的劳动者，促进劳动者的风险意识和竞争意识，最终提高劳动者的综合素质和企业的综合竞争能力。因此，合法、合理的试用期对于保护用人单位和劳动者的合法权益能够起到积极的作用。

2017 年 10 月 25 日王某与某商业银行北京分行签订自该日起的无固定期限劳动合同，约定王某试用期为 6 个月，自 2017 年 10 月 25 日起至 2018 年 4 月 24 日止，王某“在试用期内被证明不符合录用条件，某商业银行北京分行可随时解除劳动合同”。某商业银行北京分行安排王某在个人银行部门从事财务安全规划经理（保险销售）工作，《劳动合同》第 9.2（a）条约定，王某在试用期内“无法完成公司分配或双方约定的工作任务或工作指标的；试用期考核不合格的”均视为不符合录用条件。

2018 年 4 月 20 日，某商业银行北京分行通过“顺丰速运”按照双方劳

① 北京市第二中级人民法院民五庭法官。

动合同中载明的王某联系地址邮寄送达解除劳动合同通知书，载明“鉴于你试用期内被证明不符合录用条件，根据《劳动合同法》及你签订的上述劳动合同的相关规定，公司决定解除该劳动合同，合同解除日为2018年4月23日”。

双方发生劳动争议后，王某申请仲裁，劳动人事争议仲裁委员会裁决某商业银行北京分行与王某继续履行劳动合同并支付体检费140元。某商业银行北京分行已支付王某体检费用140元。

（二）法院审理结果

经过审理，一审法院认为，用人单位可在试用期内对劳动者是否合格进行考核，劳动者对用人单位是否符合自己要求也进行考核，这是一种双向选择、双向考核。考察某商业银行北京分行解除与王某之间的劳动合同是否合法，应该从试用期考核指标是否合法及是否送达，王某是否符合考核标准，解除通知是否送达王某等角度展开。确定试用期考核指标乃用人单位自主管理权，若无违反法律、法规之处，不宜作否定性评价，某商业银行北京分行提交的FPS销售激励计划、绩效标准及签收表，可证明公司已满足上述第一条标准；王某主张FPS销售激励计划及绩效标准为奖励发放标准而非试用期业绩考核标准，明显不符合培训文件中关于6个月业绩指标单独设置百分比的目的，法院不予采纳。就王某的业绩标准，公司提交了业绩明细表，该明细表与试用期考核表以及录音形成了完整证据链条，应视为某商业银行北京分行就王某试用期业绩情况完成了初步证明责任，王某称其实际业绩高于该标准，应就其主张进行举证，王某未完成该项证明责任，应承担不利法律后果，法院依法采纳某商业银行北京分行主张，认定王某实际业绩未达到FPS销售激励计划及绩效标准规定的试用期标准。关于送达解除通知，某商业银行北京分行提交的网络查询单已足以使法院形成内心确认，应视为《解除劳动合同通知书》已于2018年4月21日送达王某。综上所述，法院依法认定双方劳动合同于2018年4月23日解除。关于体检费用，某商业银行北京分行已支付，法院亦不持异议。判决：一、某商业银行北京分行无须继续履行与王某签订的劳动合同；二、某商业银行北京分行支付王某体检费用140元（已支付）。

王某不服一审法院判决，上诉到二审法院。二审法院经审理认为：《最高人民法院关于适用〈中华人民共和国民事诉讼法〉的解释》第九十条规定："当事人对自己提出的诉讼请求所依据的事实或者反驳对方诉讼请求所依据的事实，应当提供证据加以证明，但法律另有规定的除外。在作出判决前，当事人未能提供证据或者证据不足以证明其事实主张的，由负有举证证明责任的当事人承担不利的后果。"本案中，王某上诉主张其不存在"不符合试用期考核指标"的情形，某商业银行北京分行没有考核指标、录用条件及合法解除王某劳动合同的证据，某商业银行北京分行对此不予认可。根据查明的事实，王某在某商业银行北京分行的个人银行部门从事财务安全规划经理（保险销售）工作，试用期为6个月，双方的《劳动合同》第9.2（a）条约定，王某在试用期内"无法完成公司分配或双方约定的工作任务或工作指标的；试用期考核不合格的"均视为不符合录用条件。某商业银行北京分行提交的"财务安全规划经理（FPS）/保险销售经理（ISM）"培训的PPT文件（FPS销售激励计划及绩效标准），亦规定了FPS的2018年月度指标及新FPS前6个月的打折指标。王某亦认可收到过PPT文件，对FPS销售激励计划及绩效标准有点印象，虽对某商业银行银保部2018Insurance FPS SIPSOP签收表中"王某"签字的真实性不予认可，并申请司法鉴定，但之后又撤回笔迹鉴定申请。鉴于用人单位对于确定试用期考核指标有自主管理权，若无违反法律、法规之处，不宜作否定性评价。故一审法院根据王某的销售业绩明细表、试用期考核表、录音文件及双方陈述等，认定王某的实际业绩未达到FPS销售激励计划及绩效标准规定的试用期标准，采信某商业银行北京分行关于王某在试用期不符合录用条件的主张，并无不当，法院予以维持。

王某上诉主张并未收到某商业银行北京分行邮寄的解除劳动合同通知书，某商业银行北京分行对此不予认可，并提交顺丰快递底单、签收记录、派件证明等证据予以证明。根据双方《劳动合同》第11.2条规定，若在本合同期内，乙方（王某）向甲方（某商业银行北京分行）提供的相关个人信息，包括但不限于本合同开头所载的乙方联系方式通讯地址、国籍等各项信息以及其他与劳动履行相关的信息发生任何变更，乙方应及时书面通知甲方人力资源部门，否则相关法律责任由乙方自行承担。例如甲方发送给乙方的通知、函件或文件如发送至本合同开头所载之乙方地址即为有效发出，并视为在该通讯方式的通常送达时间内已由乙方收取。双方劳动合同载明王某的联系地址为“北京市海淀区 ×× 东里 × 号楼 × 单元 × 号”、联系电话为“186××××××××”，某商业银行北京分行通过顺丰快递向王某的上述联系地址邮寄了解除劳动合同通知书，且根据派件记录可知，该快递已于 2018 年 4 月 21 日签收。现王某上诉主张其未收到该快递，证据不足，法院不予采纳。

用人单位单方解除劳动合同，应当事先将理由通知工会，但未按照《劳动合同法》第四十三条规定事先通知工会，劳动者以用人单位违法解除劳动合同为由请求用人单位支付赔偿金的，人民法院应予支持，但起诉前用人单位已经补正有关程序的除外。某商业银行北京分行于 2018 年 4 月 17 日作出解除劳动合同通知，2018 年 4 月 19 日收到工会的确认回函，而本案的一审立案日期为 2018 年 9 月 13 日，故一审法院认定某商业银行北京分行对王某的解除程序合法有效，并无不当，予以确认。

综上所述，二审法院认为王某的上诉请求不能成立，应予驳回；一审判决认定事实清楚，适用法律正确，应予维持。故作出终审判决：驳回上诉，维持原判。

（三）本案争议焦点及主要法律问题

本案系一起涉及用人单位在试用期与业绩不达标劳动者解除劳动合同的劳动争议案件。用人单位解除与劳动者之间的劳动合同既要符合实体要件，即符合解除劳动合同的条件；也要符合程序要件，即履行法定的通知、送达程序。本案争议的焦点是某商业银行北京分行制定的试用期考核指标是否合法及是否送达，王某是否符合考核标准，解除通知是否送达王某。

法理分析

劳动合同试用期，是指劳动关系当事人双方建立劳动关系时，依照法律规定，在平等自愿、协商一致的基础上订立劳动合同的同时，在劳动合同期限内特别约定的一个供当事人双方互相考察的、合同解除条件亦无严格限制的期间。订立劳动合同规定试用期是世界各国通行的做法。试用期对劳动合同当事人双方都有积极意义。对用人单位来说，劳动合同约定试用期，便于用人单位进一步详细考察劳动者是否符合录用条件；对劳动者来说，劳动合同中约定试用期，可以使劳动者实际了解自己从事的劳动是否符合自身的特长、兴趣、爱好，同时可以在试用期内考察用人单位介绍的劳动条件是否符合实际情况，是否存在欺诈现象。通过在试用期内用人单位和劳动者的双向选择，可以使双方更直接、全面、准确地了解对方，在此基础上履行劳动合同，就更有科学性和可行性，也更利于劳动关系的稳定，进而促进生产力的发展。

《劳动合同法》第十七条规定："劳动合同应当具备以下条款：（1）用人单位的名称、住所和法定代表人或者主要负责人；（2）劳动者的姓名、住址和居民身份证或者其他有效身份证件号码；（3）劳动合同期限……劳动合同除前款规定的必备条款外，用人单位与劳动者可以约定试用期、培训、保守秘密、补充保险和福利待遇等其他事项。"第三十九条规定："劳动者有下列情形之一的，用人单位可以解除劳动合同：（1）在试用期间被证明不符合录用条件的……"根据上述法律规定的精神，劳动者和用人单位可以在劳动合同中约定试用期。用人单位可在试用期内对劳动者是否合格进行考核，劳动者对用人单位是否符合自己要求也进行考核，这是一种双向选择、双向考核。

本案中，考察某商业银行解除与王某之间劳动合同是否合法应该按照试用期解除的三要件分析法，从某商业银行北京分行制定的试用期考核指标是否合法及是否送达、王某是否符合考核标准、解除通知是否送达王某这三个方面进行分析论证。

确定试用期考核指标乃用人单位自主管理权，若无违反法律、法规之处，不宜作否定性评价，某商业银行北京分行提交的 FPS 销售激励计划、绩效标准及签收表，可证明某商业银行北京分行制定的试用期考核指标是合理的并已向王某送达；王某主张 FPS 销售激励计划及绩效标准为奖励发放标准而非试用期业绩考核标准，明显不符合培训文件中关于 6 个月业绩指标单独设置百分比的目的。

就王某的业绩标准，公司提交了业绩明细表，该明细表与试用期考核表以及录音形成了完整证据链条，应视为某商业银行北京分行就王某试用期业绩情况完成了初步证明责任，王某称其实际业绩高于该标准，应就其主张进行举证，王某未完成该项证明责任，应承担不利法律后果，法院依法采纳某商业银行北京分行主张，认定王某实际业绩未达到 FPS 销售激励计划及绩效标准规定的试用期标准。

关于送达解除通知，某商业银行北京分行提交的网络查询单已足以使法院形成内心确认，应视为《解除劳动合同通知书》已于 2018 年 4 月 21 日送达王某。综上所述，法院依法认定双方劳动合同于 2018 年 4 月 23 日解除，某商业银行北京分行无须继续履行与王某签订的劳动合同。

因此，一、二审法院均认为某商业银行北京分行以王某在试用期不符合录用条件为由与其解除劳动合同实体和程序均符合法律规定，并无不当。

知识拓展

长期以来，我国对劳动合同试用期规定得过于原则，巨大的就业压力使得劳动关系双方地位严重失衡，用人单位滥用试用期侵犯劳动者合法权益的现象十分突出。主要表现在：（1）只约定试用期不签订劳动合同，试用期满即终止劳动关系，劳动者往往因没有书面的劳动合同无法证明劳动关系存在，其合法权益难以得到保护。（2）试用期劳动者的劳动报酬权利、工作时间和休息休假权利以及社会保险权利得不到保证。（3）试用期限不合理且被多次试用，无论劳动合同期限长短试用期一律为 6 个月，甚至巧立名目分开计算岗位实习期、培训期，延长对劳动者的试用期，从而达到减少劳动者劳动报酬、降低人工成本的目的。（4）试用期内或试用期满用人单位随意解除劳动合同且不支付经济补偿金。（5）用人单位以学徒期、见习期代替试用期，将最长不超过6个月的试用期延长至1年，从而规避试用期的法律规定。

《劳动合同法》的颁布实施，对于完善我国的劳动合同试用期制度具有重要意义。但由于实践的复杂性及立法的滞后性，其中有一些内容还存在不足，需要进一步完善。因此，妥善解决实践中出现的各类劳动合同试用期问题，不仅需要我们准确理解有关劳动合同试用期的法律规定并加以正确运用，还需要我们根据劳动法的精神并结合司法实践对试用期问题进行研究完善，这对于保护劳动者和用人单位的合法权益、构建和谐劳动关系具有重要意义。

普法提示

本文通过王某与某商业银行北京分行劳动争议案件引出了劳动合同试用期的问题。对于试用期问题，在劳动实践中大家往往不太关注。许多劳动者往往觉得签订劳动合同后就万事大吉了，但在用工过程中滥用试用期侵犯劳动者权益的现象比较普遍，包括什么样的劳动岗位需要约定试用期、约定多长的试用期、试用期是否需要缴纳社会保险等，实践中比较混乱。下面就实践中时常发生、大家比较关注的问题做一些提示，以预防和减少涉劳动合同试用期劳动争议的发生。

1. 如何理解《劳动合同法》第十九条第二款“同一用人单位与同一劳动者只能约定一次试用期”的规定？

这里的“同一用人单位与同一劳动者只能约定一次试用期”是指一个劳动合同期内以及合同续订之时，在同一或同类岗位上，只能约定一次试用期。只有在续订之时，岗位发生了实质性变化，才可以再次约定试用期。

2. 用人单位与劳动者能否口头约定试用期？

建立劳动关系应当订立书面劳动合同，试用期包含在劳动合同期限内，故试用期也应当书面约定，口头约定的无效。

3. 试用期怀孕能否解除劳动合同？

《劳动合同法》第四十二条第四项规定，女职工在孕期、产期、哺乳期的，用人单位不得依据该法第四十条、第四十一条解除劳动合同，也即对于“三期”女职工不得进行无过失性辞退和经济性裁员，而试用期内解除劳动合同是该法第三十九条第一项所规定，不受第四十二条的限制，女职工在试用期怀孕，如果其行为满足了某些法定情形，用人单位可以解除劳动合同。

4. 试用期内用人单位是否需要为劳动者缴纳社会保险？

用人单位为劳动者缴纳社会保险是社会保险法规定的法定义务，自劳动关系建立之日起就应当履行，试用期内同样不得例外。

5. 用人单位试用期内解除劳动合同是否还需要向劳动者支付经济补偿？

用人单位解除劳动合同是否有义务支付经济补偿，取决于解除合同依据的法律条款，如果解除劳动合同依据的是《劳动合同法》第三十九条第一项规定，即在试用期间被证明不符合录用条件的，不需要支付劳动者经济补偿金。如果按照《劳动合同法》第四十条第一项、第二项规定解除劳动合同的，应当依法支付劳动者经济补偿金。

和谐的劳动关系需要法治的土壤，虽然社会劳动法治意识逐步提高，但是实践中仍然存在用人单位为追求经济利益最大化而忽视法律、社会责任，劳动者不符合录用条件而采用不诚信手段签订劳动合同的现象，劳动合同试用期制度为各方进一步相互了解、考察提供了契机，希望劳动者和用人单位都能本着诚实信用原则，利用好劳动合同试用期这一制度设计，沟通创造和谐稳定的劳动关系，促进经济社会的发展。

案例四

专业技术培训与服务期

——专项培训服务期协议之效力认定

郝晓飞[1]

案情回顾

（一）劳动者申请离职被迫交付违约金

每一位大学毕业生都想找一份好工作，大学生从校园走向职场，实现学生到劳动者身份的转变。大学生作为高学历优秀人才，用人单位与大学生签订劳动合同时，往往会签订服务期协议，但由于大学生对相关劳动法律法规了解不足，缺乏相应的社会经验，服务期协议的签订可能损害劳动者权益，成为双方劳动争议发生的源头。

赵信是一名 2015 年应届毕业的高校大学生。校招期间，由于学习优秀，综合素质好，最终被北海银行录取。2015 年 8 月 1 日，赵信与北海银行签订了一份三年期的劳动合同。同时，北海银行开始组织赵信等新入职大学生进行了为期一年的培训。

培训分为军训、入职培训和轮岗实习两个阶段。2015 年 8 月至 2016 年 7 月，北海银行先组织赵信等人在山东烟台进行了两周的军训和一个半月的入职培训。随后，赵信被北海银行分配到宁波分行，先后在柜台以及业务管理部门进行了 10 个月的轮岗实习工作。培训期间，北海银行按月发放赵信的工资，负担了培训项目的全部费用，包括培训期间的食宿。

培训期间，北海银行与赵信等人分别签署了《北海银行管理培训生专项培训协议书》，协议内容为北海银行提供一年的专项培训，提供预计 10 万元

---

① 北京市第二中级人民法院民五庭法官助理。

的培训费用，赵信等员工有义务为北海银行服务 8 年，如员工违反协议，应支付北海银行违约金，违约金数额 =（专项培训费用总额 / 服务期总月数）× 未履行服务期月数，该协议倒签日期为“2015 年 8 月 1 日”。

2017 年 6 月 27 日，赵信工作近两年，因个人原因向北海银行提出离职申请，单位负责人及分管领导均批示“同意”，但北海银行要求赵信支付未服务期限的违约金 72917 元，否则不为赵信出具解除劳动合同证明，赵信为方便找到新工作，被迫支付违约金。之后，赵信申请劳动仲裁，要求北海银行返还收取的违约金 72917 元，劳动仲裁委以不具有管辖权为由，驳回了赵信的申请。

（二）法院审理经过

赵信不服仲裁裁决，将北海银行起诉至法院，要求北海银行返还收取的违约金 72917 元。诉讼过程中，北海银行未出庭答辩。

一审法院经审理认为，赵信与北海银行签订有《北海银行管理培训生专项培训协议书》，其中对专项培训的名称、培训所需费用、服务期及违约金数额均作了明确约定。该协议是双方自愿签订，合法有效。北海银行要求赵信支付的违约金费用未超过协议约定数额，故驳回了赵信的诉讼请求。

赵信不服一审判决，提起上诉。诉讼过程中，赵信认为参加军训、入职培训和轮岗实习工作，都是基本职业要求和基础岗位工作的培训，不属于专业技术培训，双方签订的专项培训服务期协议无效。北海银行答辩意见认为双方签订了合法有效的专项培训协议，北海银行已经按照协议内容为赵信提供了培训，赵信因个人原因辞职，违反协议约定的服务期，应支付违约金。

经审理，二审法院认为，劳动者享有接受职业技能培训的权利。入职培训和轮岗培训均系对一般劳动者的岗前培训，并非针对赵信等特定人员进行的专业技术培训。故北海银行基于基本职业培训与赵信在劳动合同之外约定服务期及违约责任，违反《劳动合同法》关于用人单位与劳动者约定违约金的限制性规定，故《北海银行管理培训生专项培训协议书》中约定服务期及违约责任之部分内容无效。据此，作出终审判决：撤销一审法院判决，要求北海银行返还已收取赵信的72917元。

（三）本案争议焦点及主要法律问题

本文所述的案例即一起大学生与用人单位签署专项培训服务期协议权益受损的案件。本案的争议焦点为专项培训服务期协议效力的认定，同时涉及相关劳动争议方面的其他法律问题，包括专项培训的认定，专项培训费用的界定，专项培训服务期协议违约金的确定，服务期协议的效力认定等问题。结合到本案中，北海银行对赵信提供了培训，与赵信签订了专项培训服务期协议并约定了违约金，但何为专项培训？专项培训服务期协议效力如何认定？专项培训服务期协议违约金如何确定？

法理分析

（一）理论辨析：专项培训服务期协议效力的认定

商业竞争的实质是人才的竞争，而专项培训是提高员工技能，增强企业软实力的一种重要手段。因此，《劳动合同法》第二十二条规定了专项培训服务期制度，用人单位为劳动者提供专项培训费用进行专项培训，可以与劳动者签订服务期协议，劳动者违反服务期协议的，应当按照约定向用人单位支付违约金，以此协调用人单位的人力资源投资收益和劳动者的劳动自由之间的冲突。

本案中，北海银行与赵信签订了《北海银行管理培训生专项培训协议书》，但该协议书中所指的专项培训是北海银行针对所有新入职员工进行的基本职业培训，并非属于旨在提高和改善特定劳动者知识、技能、工作方法等进行的专业技术培训，因此，北海银行基于基本的职业培训与员工在劳动合同之外约定服务期及违约责任，既不符合服务期协议生效的要件，也违反了《劳动合同法》关于用人单位与劳动者约定违约金的限制性规定，故北海银行与赵信所签《北海银行管理培训生专项培训协议书》中约定的服务期及违约责任内容无效。

（二）立法沿革：专项培训服务期协议的法律规定

我国实施人才强国战略，随着我国社会主义市场经济不断深入改革，越来越多的用人单位意识到，人才对于用人单位竞争力的提升有不可替代的作用。而专业技术培训作为提高员工技能、增强企业软实力的一种重要手段，成为众多用人单位的首选。

在专项培训服务期制度实施前，根据《劳动法》的规定，劳动者的辞职权没有限制，只需要提前告知用人单位即可，这表明劳动合同期限对劳动者没有实质性的约束力。用人单位投入很多成本，完全可能给其他用人单位作“嫁衣”。为了平衡用人单位的人力资源投资和劳动者的劳动自由之间的冲突，专项培训服务期制度便在实践中出现，最终写入《劳动合同法》。

“服务期”一词在我国出现的时间并不长，在我国劳动关系的发展历程中，最初是在地方规定和实践中出现约定服务期，最早见于上海及江苏的地方性法规，实践中主要是以合同的形式将服务期运用于劳动关系领域。上海及江苏两地先后将出资招用、培训或者特殊待遇作为用人单位可以与劳动者签订服务期协议并约定违约金的条件。《上海市劳动合同条例》第十四条[①]最早将用人单位为劳动者提供特殊待遇时约定服务期规定在法条里。

《劳动合同法》于2008年1月1日起正式施行，首次规定了服务期制度，并基于地方法规的规定和学者的建议等对服务期适用范围作出了相应的规定。《劳动合同法》第二十二条建立我国专项培训服务期制度。《劳动合同法》第二十五条对用人单位与劳动者约定由劳动者承担违约金的情形作了严格的限制。《劳动合同法实施条例》第十六条对专项培训费用进行了界定。明确了只有在用人单位为劳动者提供了专业技术培训时，可以约定服务期及以培训费为限约定违约金，而对于提供的房屋补贴、汽车补贴、户口、高额的保

---

① 《上海市劳动合同条例》第十四条：劳动合同当事人可以对由用人单位出资招用、培训或者提供其他特殊待遇的劳动者的服务期作出约定。

险金等特殊待遇并没有规定可以约定服务期。

我国专项培训服务期制度的建立，减少了用人单位的经济损失，平衡了用人单位的预期经济收益和劳动者的劳动自由之间的冲突，兼顾了人力资源自由流动和劳动关系相对稳定的社会需求，在劳动关系领域具有十分重要的现实意义。

知识拓展

（一）专项培训概念辨析

《劳动法》规定企业必须对劳动者进行职业培训，另外也规定了企业必须对技术工种劳动者提供岗前培训；《就业促进法》规定企业必须对劳动者进行职业技能培训和继续教育培训；《企业职工培训规定》规定企业必须对劳动者进行技能培训。《劳动合同法》第二十二条规定了专项培训服务期制度，但没有明确界定专项培训的概念和判断标准，以至于专项培训和劳动立法中的类似概念产生混淆，导致一些用人单位对法律规定理解错误，违法与劳动者签订专项培训服务期协议。

本案中，北海银行假借职业培训为专业技术培训，利用自身优势以及新入职劳动者缺乏相应的分辨能力和防范意识，从而与赵信等人签署了服务期协议并约定违约金，违反了《劳动合同法》关于违约金的限制性规定，侵害了赵信等人的合法权益。本案一审未支持劳动者要求用人单位返还违约金的请求，可见专项培训在司法实践中较容易理解错误，因此，予以区分非常重要。

专项培训即专业技术培训，是用人单位提供专项费用，对特定的劳动者进行的，旨在提高劳动者专业性的知识及技能的培训。专项培训在培训内容、培训对象及培训费用方面都与岗前培训、职业培训有明显的区别。第一，专业技术培训的培训内容具有专业性。包括专业性的知识培训和职业技能培训，不同于一般职业培训的培训内容，该内容是特定岗位的必备技能，能够满足特定岗位的需要，能够提高劳动者的专业知识和专项劳动技能。第二，专业技术培训要针对特定的培训对象。专业技术培训的本质是针对个别劳动者的高级培训，因此其对象是特定岗位的劳动者，不存在针对企业大多数劳动者的专业技术培训。第三，专业技术培训发生的费用具有特定性。专业技术培训的培训费用必须与按照国家规定提取的职工培训费用区分开来，是在特定劳动者身上发生的可以单独核算的培训费用。

具体到本案而言，北海银行对赵信进行的培训内容均系对一般劳动者的岗前培训，以及业务岗位的常规性、一般性业务知识和实际操作能力的基础培训，且北海银行组织该专项培训是针对包括赵信在内的一批新入职员工的集体培训，并非针对赵信等特定人员所进行的专业技术培训，北海银行所提供的培训费用亦非是针对赵信个人的特定培训而产生的费用支出，因此北海银行对赵信进行的培训并非专业技术培训。

《劳动合同法》第二十二条明确规定，订立服务期协议的事由仅包含用人单位提供专项培训费用给劳动者进行专业技术培训的情形。但在学理以及司法实践中，亦包含用人单位提供特殊待遇的情形，实践中的特殊待遇多种多样，并且不断涌现出新的类型，目前的特殊待遇主要包括：住房、汽车、各种形式的经济补贴、旅游度假机会、大额商业保险、工作地户口、家属的工作机会等经济利益，其中以北京户口最为常见，但是，《劳动合同法》规定的事由只有专业技术培训的情形，随着社会的发展，服务期制度将进一步完善，将用人单位的投入与劳动者自由择业之间的冲突进一步衡平。

（二）专项培训服务期协议违约金的确定

劳动者违反服务期约定的，应当按照约定向用人单位支付违约金。但专项培训服务期协议违约金如何确定？《劳动合同法》第二十二条规定了违约金的数额不得超过用人单位提供的培训费用。用人单位要求劳动者支付的违约金不得超过服务期尚未履行部分所应分摊的培训费用。

因此，专项培训服务期协议违约金以专项培训费用为限。《劳动合同法实施条例》第十六条规定，专项培训费用包括用人单位为了对劳动者进行专业技术培训而支付的有凭证的培训费用、培训期间的差旅费用以及因培训产生的用于该劳动者的其他直接费用。因此，审查培训费用，可从客观性（确实已经支出）、关联性（用于该劳动者）、必要性（为培训所必需）三个层面进行。[①] 司法实践中，专项培训费用一般情况下应以税务机关认可的国家正规票据为准，但用人单位在仲裁或诉讼过程中，在仅有凭证而没有其他专项培训证据的情况下，作为孤证，不足以证实劳动者确实接受了专项培训。而劳动者接受专项培训期间的基本工资，不应认定为专项培训费用。

本案中，北海银行在培训期间按月发放赵信工资，负担了培训项目的全部费用，包括培训期间的食宿。北海银行将工资纳入培训费用之中，同时北海银行提供的培训费用缺乏部分有效凭证，并且是针对赵信等新入职人员共同产生的费用支出平摊得出赵信的培训费用，而非针对赵信个人特定发生的费用。因此，北海银行提供的培训费用不符合专项培训费用的要求，但北海银行要求赵信支付违约金的计算公式正确，符合劳动者支付的违约金不得超过服务期尚未履行部分所应分摊的培训费用。

普法提示

近年来，部分用人单位凭借自身优势，与劳动者在岗前培训或职业培训期间，利用培训的机会与劳动者签订专项培训协议，进而约定服务期及违约责任，公司假借岗前培训或职业培训作为专项培训，具有较强的伪装性。依法区分专业技术培训与岗前培训、职业培训，以及对专项培训服务期协议的效力认定，涉及劳动者享有接受职业技能培训的权利，同时也涉及劳动者自由择业的权利，更涉及以法治手段、法治思维平衡劳动者和用人单位双方的地位，弘扬建立和谐的劳动关系。

《劳动合同法》建立了专项技术服务期制度。《劳动合同法》第二十二条规定，用人单位为劳动者提供专项培训费用，对其进行专业技术培训的，可以与该劳动者订立协议，约定服务期。劳动者违反服务期约定的，应当按照

① 程小勇、孟高飞：《劳动合同服务期制度的适用》，载《人民司法》2014 年第 17 期。

约定向用人单位支付违约金。违约金的数额不得超过用人单位提供的培训费用。用人单位要求劳动者支付的违约金不得超过服务期尚未履行部分所应分摊的培训费用。用人单位与劳动者约定服务期的，不影响按照正常的工资调整机制提高劳动者在服务期期间的劳动报酬。《劳动合同法》第二十五条规定，除本法第二十二条和第二十三条规定的情形外，用人单位不得与劳动者约定由劳动者承担违约金。《劳动合同法实施条例》第十六条规定，劳动合同法第二十二条第二款规定的培训费用，包括用人单位为了对劳动者进行专业技术培训而支付的有凭证的培训费用、培训期间的差旅费用以及因培训产生的用于该劳动者的其他直接费用。

明确用人单位与劳动者签订专项培训服务期协议的前提：一是为劳动者提供专项培训费用；二是对劳动者进行专业技术培训。而审查用人单位与劳动者专项培训服务期协议的效力时，有形式要求和实质要求两个条件。首先是用人单位与劳动者双方之间存在书面专项培训服务期协议。其次是用人单位按照约定向劳动者提供了专项费用进行了专项培训。专业技术培训，即用人单位提供专项费用，对特定的劳动者进行的，提高劳动者专业性的知识及技能的培训。如果用人单位利用岗前培训或职工培训等与劳动者签订专项培训服务期协议的，违反了《劳动合同法》第二十五条关于用人单位与劳动者约定违约金的限制性规定，双方约定服务期及违约责任之部分内容无效，劳动者不承担相应的违约责任。其中，专项培训服务期协议违约金不超过专项培训费用，如果劳动者违反服务期协议的，支付的违约金不超过尚未履行服务期部分所分摊的培训费用。

自由择业是劳动者的基本权利，而专项培训服务期制度是为了平衡用人单位的人力资源投资受益权与劳动者自由择业权。然而，劳动者在劳动关系中处于天然的弱势，尤其是初入职场的“新人”，对于劳动法律知识的欠缺及社会经验的不足，用人单位容易利用自身优势，以岗前培训或职业培训的名义，与劳动者签订专项培训服务期协议并约定违约责任，严重侵害了劳动者的合法权益。赵信与北海银行的劳动争议纠纷是一个个案，但与赵信有类似情况劳动权益受到侵害的劳动者不知几何。为了促进法治社会建设，建立和谐的劳动关系，需要用人单位与劳动者一起努力。

对用人单位而言，首先，应当加强对服务期制度的理解，建立合法的用工管理制度。对专业技术培训与其他培训进行区别，聘请专业人士进行合规指导，杜绝与劳动者签订违反劳动法律法规的服务期协议。其次，用人单位应当建立科学的培训制度，积极发挥专项技术服务期制度的作用。职业技术培训和岗前培训都是用人单位依法承担的法定义务，而专项技术培训并非法定义务，用人单位应将两种制度相互协调，相互补充，构建起用人单位合理的培训制度。

对劳动者而言，首先，加强对专项培训服务期制度的了解，在与用人单位签订专项培训服务期协议时，应对协议所载明的培训内容、培训费用、服务期年限、违约金数额及违约责任等部分认真阅读，多角度分析，判断专项培训服务期协议的效力，同时结合自身的承受能力，慎重决定是否与用人单位签订服务期协议。其次，劳动者与用人单位签订有效的专项培训服务期协议后，应依法全面履行服务期协议的内容，恪守诚实信用原则。同时关注自身权益，如服务期内不会影响劳动报酬的调整以及防范用人单位对自身权益的侵害。

专项培训服务期制度有良好的立法初衷，旨在协调用人单位的人力资源投资收益和劳动者的劳动自由之间的冲突，在用人单位与劳动者的努力下，相信该制度将发挥更大的作用。一方面鼓励用人单位加大对劳动者的人力资源投入，培育出一批专业技能精湛的高素质劳动者；另一方面保障用人单位收获预期的经济利益，构建稳定和谐的劳动关系。

案例五

保密义务和竞业限制

——违反竞业限制义务的认定及相应责任

宋猛[①]

案情回顾

（一）离职员工被原单位索赔违反竞业限制义务违约金

当今市场经济环境下，员工的流动性日益频繁，辞旧入新早已司空见惯。但很多企业都拥有自身独有的商业或核心技术机密，而掌握这些信息的员工如果在离职后，将其在原企业掌握的信息作为再次择业的筹码，或者在入职新的单位后，利用原企业的商业秘密获取自身利益，就将导致原单位的损失。如果该员工与原单位签订了竞业限制协议，但违反了竞业限制业务，那么该员工面临向原单位承担违约责任的法律后果。

崔大志于 2009 年 12 月入职通达医疗公司。双方签订竞业限制协议，约定：员工无论在职期间还是离职后都应确保公司的保密信息不被泄露；在劳动关系解除或终止后一年内，员工不得直接或间接受雇于任何竞争者，或以其他任何方式为竞争者提供服务，员工亦不得直接或间接自营或与第三方共同经营竞争产品。作为对价，公司向员工支付相应经济补偿，标准为员工离职前 12 个月月平均基本工资的三倍。若员工违反竞业限制义务，公司无义务支付上述经济补偿，并有权要求员工承担相当于其离职前两年基本工资的违约金，同时员工的竞业限制义务不解除。

崔大志从 2012 年开始主管医用血管造影 X 射线机（简称 DSA）的设计工作。从 2015 年 4 月起，崔大志的月基本工资调整为 25999.77 元。2016 年

① 北京市第二中级人民法院民一庭法官。

3月，双方的劳动合同解除，通达医疗公司向崔大志支付了竞业限制补偿金77249.49元。

2016年3月，大连东方学院与崔大志签订三年期的劳动合同，约定：崔大志从事研究员工作，工作地点为大连。大连东方学院和北京东方公司、东方医疗公司均为东方集团内的法人实体。2016年7月，北京东方公司基于"医用血管造影X射线机研发过程中的调试、验证和确认工作"需要，向环境行政主管部门申请进行了环境评价。2017年，北京东方公司发表多个名为"东方医疗数字血管X射线摄影装置系统软件""东方医疗DSA图像浏览软件"的计算机软件并进行著作权登记。2017年至2019年，北京东方公司提出了大量相关的发明专利申请和实用新型专利申请。

2016年12月，通达医疗公司申请劳动仲裁，要求：崔大志继续履行竞业限制义务，崔大志返还竞业限制补偿金并支付违反竞业限制义务的违约金。大连东方学院、北京东方公司和东方医疗公司作为第三人参加仲裁。北京东方公司和东方医疗公司均主张与崔大志不存在劳动关系。大连东方学院主张与崔大志存在劳动关系，称崔大志的实际办公地点在北京，从东方集团借用，办公地点未设置办公电话，亦未为崔大志开通工作邮箱。2018年8月，劳动仲裁委员会作出裁决书，裁决：1.崔大志向通达医疗公司返还竞业限制补偿金77249.49元；2.崔大志向通达医疗公司支付违反竞业限制义务的违约金432597.14元；3.驳回通达医疗公司的其他申请请求。崔大志不服，诉至法院。

法院就相关事实查明并认定，崔大志的实际工作地点在北京，与北京东方公司同处一栋大厦。大连东方学院作为用人单位却不能说明崔大志的具体工作内容，而崔大志为证明其在大连东方学院的工作内容仅提供了只有20余页的工作月报打印件和研究报告打印件。同时，大连东方学院对办公地点为租赁还是借用的陈述前后矛盾，双方就工资发放途径的陈述亦存在矛盾，大连东方学院不能提交向崔大志支付工资和缴纳社会保险费的凭证。崔大志和大连东方学院之间关于劳动管理、劳动提供、劳动报酬支付等关键环节均无据可查。

结合北京东方公司与大连东方学院之间存在的紧密而特殊的关系，以及崔大志的工作地点与北京东方公司位于同一栋大厦的事实，足以认定崔大志应就其在相应期间的实际劳动关系及其具体工作情况承担举证责任。然而，崔大志却在法院反复、多次要求其本人到庭，就案件有关事实接受询问的情况下，无正当理由拒绝到庭，故相应不利后果应由崔大志承担。据此，对崔大志和大连东方学院关于双方存在劳动关系的主张，法院不予采信。

结合崔大志在通达医疗公司工作期间的工作职责，以及北京东方公司进行著作权登记、申请发明专利和实用新型专利的情况，足以认定通达医疗公司和北京东方公司在医用血管造影X射线仪器设备研发领域存在同业竞争关系，法院认定崔大志存在违反其与通达医疗公司约定的竞业限制义务的行为。

（二）法院审理结果

法院最终认为：通达医疗公司与崔大志签订的竞业限制协议合法有效，崔大志存在违反其与通达医疗公司约定的竞业限制义务的行为，故通达医疗公司有权要求崔大志返还已经支付的竞业限制补偿金，亦有权要求崔大志支付违反竞业限制义务的违约金。崔大志关于其无须向通达医疗公司返还竞业限制补偿金的诉讼请求没有依据。虽然崔大志关于其无须向通达医疗公司支付违反竞业限制义务的违约金的诉讼请求没有依据，但考虑到崔大志的竞业限制期限、通达医疗公司向崔大志支付的竞业限制补偿金的数额、崔大志的工资标准、崔大志应向通达医疗公司返还竞业限制补偿金等情况，可以认定双方约定的违约金数额明显过高。据此，法院综合上述情况对劳动仲裁委员会裁决的违约金数额予以调整，酌定崔大志应向通达医疗公司支付违反竞业限制义务的违约金115874.24元。

据此，法院作出以下判决：1. 崔大志于判决生效之日起10日内向通达医疗公司返还竞业限制补偿金77249.49元；2. 崔大志于判决生效之日起10日内向通达医疗公司支付违反竞业限制义务的违约金115874.24元；3. 驳回崔大志的其他诉讼请求。

（三）本案争议焦点及主要法律问题

本案系一起员工在入职新单位后因违反与原单位的竞业限制协议而承担违约责任的案件，竞业限制是指用人单位与掌握本单位核心秘密的员工签订协议，在其劳动关系存续期间或解除劳动关系后的一定期限内，不得从事与其具有竞争关系的同类或相似产品、业务的生产及经营活动。为弥补员工在竞业限制期间劳动收入受到的不利影响，用人单位会给予这类员工一定的经济补偿，但双方会约定相应的员工违约责任，这种违约责任在实践中一般体现为由员工向用人单位支付违约金。本案中，崔大志主张并未违反竞业限制义务，故无须返还竞业限制补偿及支付违约金；通达医疗公司主张崔大志实际为其公司的竞争对手北京东方公司提供劳动和服务，违反竞业限制协议，崔大志应返还竞业限制补偿，并按照协议约定支付违约金。故本案的争议焦点为崔大志是否违反了双方约定的竞业限制义务。

法理分析

竞业限制纠纷案件是劳动争议案件中相对小众的一类案件，它不同于一般的劳动争议案件，其法律关系中权利义务的具体表现在《劳动合同法》第二十三条中有明确规定，用人单位与劳动者可以在劳动合同中约定保守用人单位的商业秘密和与知识产权相关的保密事项。对负有保密义务的劳动者，用人单位可以在劳动合同或者保密协议中与劳动者约定竞业限制条款，并约定在解除或者终止劳动合同后，在竞业限制期限内按月给予劳动者经济补偿。劳动者违反竞业限制约定的，应当按照约定向用人单位支付违约金。竞业限制纠纷案件具备以下两点特征：一是人员的限定性，二是内容的限定性。具体而言，人员方面，根据《劳动合同法》第二十四条第一款的规定，竞业限制的人员限于用人单位的高级管理人员、高级技术人员和其他负有保密义务的人员。内容方面，在解除或者终止劳动合同后，前款规定的人员与本单位生产或者经营同类产品、从事同类业务的有竞争关系的其他用人单位，或者自己开业生产或者经营同类产品、从事同类业务。

本案中，关键点就是认定崔大志是否存在违反竞业限制的行为，关于违反竞业限制行为的认定也是审理绝大多数竞业限制纠纷案件的关键所在。

一般而言，可以从两个层面来判断劳动者是否存在违反竞业限制的行为。第一个层面，劳动者是否具有入职竞争单位的情形。第二个层面，新用人单位与原用人单位之间是否存在竞争关系。遵循“谁主张，谁举证”的举证规则，用人单位主张劳动者违反竞业限制义务的应承担举证责任，没有证据或者证据不足以证明劳动者违反竞业限制义务的，由用人单位承担不利后果。

关于第一个层面，应当由原用人单位负责举证证明劳动者进入新用人单位。这方面的证据主要有以下几种：1. 新用人单位与劳动者签订的劳动合同；2. 新用人单位向劳动者支付工资的记录；3. 新用人单位为劳动者缴纳社会保险费的缴费记录；4. 新用人单位为劳动者代扣代缴个人所得税的记录。上述证据能够证明劳动者与新用人单位建立了劳动关系。

关于第二个层面，应当由原用人单位继续证明新用人单位与原用人单位之间存在竞争关系。此点的判断是认定劳动者是否违反竞业限制义务的核心部分。如何判断两个用人单位之间是否具有竞争关系，实践中根据每个案情具体情况的不同，认定标准也会存在一定差别。主要的考量因素有以下几个：1. 两个用人单位的营业执照或工商登记注册信息。通过比较两个用人单位在营业执照上记载的经营范围是否存在重合，来判断两个用人单位之间是否存在竞争关系。但实践中往往存在着登记事项和实际经营事项不相一致的情形，而且登记类别是工商局划分的大类，仅仅参考营业执照信息不一定准确，并且这种以整个企业组织的经营范围作为竞业限制的范围有其局限性，在很大程度上限制了离职员工的就业范围，也不利于优秀人力资源的整合。因此，除了考察用人单位的工商登记注册业务，还应当结合各用人单位实际的业务经营情况进行考量。故原用人单位在举证时，应侧重寻找其与新用人单位即竞争对手在实际经营范围上存在重合的相关证据。2. 两个用人单位的共同主管机关或两个单位所在的行业机构发布的涉及两个单位业务比较、行业地位分析报告等信息资料。3. 两个用人单位官方网站或官方宣传资料的介绍，实际经营的业务存在重合。4. 根据行业惯例或已经被公众或行业公认的事实，认定两个单位之间具有竞争关系。

在竞业限制纠纷案件中，若原用人单位已就劳动者违反竞业限制义务的主张完成了基本举证，那么解释证明不存在违约行为的责任就转由劳动者承担。当劳动者未对违约情形作出合理解释，亦未提交反证，应承担举证不能的法律后果，法院对原用人单位关于劳动者违反竞业限制义务的主张予以采信。

本案中，法院通过对证据的审查，认定崔大志从通达医疗公司离职后，进入与该公司有竞争关系的新用人单位工作，在此情况下，证明崔大志不存在违约行为的责任就转由其本人承担，但崔大志却在法院反复、多次要求其本人到庭，就案件有关事实接受询问的情况下，无正当理由拒绝到庭，故其应承担举证不能的法律后果。最终，法院认定崔大志存在违反其与通达医疗公司约定的竞业限制义务的行为，并判令崔大志向通达医疗公司返还竞业限制补偿金并支付违约金。

知识拓展

在竞业限制纠纷案件中，除了前面所述的违反竞业限制行为的认定这一关键性问题之外，还有其他一些问题在实践中也出现较多，需要我们给予足够重视。

1. 关于违约金的判决和调整的问题。现行法律并无用人单位与劳动者约定违反竞业限制违约金的数额限制方面的规定，基本都采用双方自由约定违约金数额的方式，这就导致在实践中难免出现违约金过高的问题。例如本案，按照崔大志与通达医疗公司的约定，违反竞业限制的违约金数额为其离职前两年的基本工资，故通达医疗公司依据双方的约定，向崔大志主张违约金 60 余万元。在此种情况下，法院都会结合双方约定的竞业限制违约金的计算方式和竞业限制期限以及劳动者的过错程度，对用人单位请求显著过高的违约金数额予以调整。法院进行调整一般会从两个方面考虑：

一是违约金数额应以保障劳动者基本生活为原则，约定过高的违约金，可能会对劳动者的生活造成影响，故确定违约金数额的上限时应重点考虑劳动者最大实际承受能力。二是违约金数额应以公平合理为原则，在《合同法》中有规定，约定的违约金过分高于造成的损失的，当事人可以请求人民法院或者仲裁机构予以适当减少。确定竞业限制条款约定违约金时，也可参考这一规定，考虑用人单位的实际损失，不可能做到违约金和损失完全一致，大致一致即可。

2. 关于竞业限制补偿协议的解除。让我们来看一下法律的具体规定。《最高人民法院关于审理劳动争议案件适用法律问题的解释（一）》第三十七条规定，当事人在劳动合同或者保密协议中约定了竞业限制和经济补偿，当事人解除劳动合同时，除另有约定外，用人单位要求劳动者履行竞业限制义务，或者劳动者履行了竞业限制义务后要求用人单位支付经济补偿的，人民法院应予支持。由此可以看出，劳动合同的解除并不导致竞业限制补偿协议的解除，竞业限制补偿协议有其独立性。

3. 竞业限制补偿金的确定和调整。《最高人民法院关于审理劳动争议案件适用法律问题的解释（一）》第三十六条规定，当事人在劳动合同或者保密协议中约定了竞业限制，但未约定解除或者终止劳动合同后给予劳动者经济补偿，劳动者履行了竞业限制义务，要求用人单位按照劳动者在劳动合同解除或者终止前 12 个月平均工资的 30% 按月支付经济补偿的，人民法院应予支持。前款规定的月平均工资的 30% 低于劳动合同履行地最低工资标准的，按照劳动合同履行地最低工资标准支付。由此可以看出，对于经济补偿的标准，劳动者可以与用人单位协商确定；如没有约定，劳动者可以按照在劳动合同解除或者终止前 12 个月平均工资的 30% 要求用人单位按月支付经济补偿，但该月平均工资的 30% 低于劳动合同履行地最低工资标准的，按照最低工资标准支付，即竞业限制经济补偿不能低于劳动合同履行地的最低工资标准，这也是对劳动者权益的保护。

普法提示

本文通过崔大志与通达医疗公司的劳动争议案件，对用人单位与劳动者竞业限制纠纷案件中重点问题，如违反竞业限制行为的认定、违约金的判决和调整、竞业限制补偿协议的解除、竞业限制补偿金的确定和调整等问题进行了梳理，希望对大家在处理和解决此类纠纷时给予一定帮助。

下面，就竞业限制法律风险的防控做几点提示与建议：

1. 在竞业限制协议中合理约定经济补偿和违约金标准或数额。前文提到过，我国法律对竞业限制经济补偿金及违约金的标准没有强制性规定，仅就经济补偿金的标准作了一个底线的规定，用人单位凭借自身的强势地位，将经济补偿标准尽量压低，甚至干脆不约定经济补偿标准，而将违约金标准尽量提高，但往往这种做法会导致竞业限制协议归于一纸空文，无法得到切实履行，同时也将耗费大量的司法资源。建议用人单位本着和谐共赢的原则，结合我国的法律规定及企业的实际情况，与劳动者协商确定一个合理的经济补偿标准，提供劳动者在履行竞业限制约定情况下的正常生活保障，使得劳动者更容易倾向于遵守而非违反约定。另外，也建议用人单位参考我国司法实践对于违约金的判断标准，与劳动者协商确定一个适当的违约金标准，以保障竞业限制约定的顺利履行。

2. 在劳动合同解除或终止时应对竞业限制义务是否需要继续履行进行确认。由于劳动关系存续期间，用人单位和劳动者都有可能发生变化，竞业限制的内容可能需要随之更改，甚至是否需要继续履行都要重新考量。故在劳动合同解除或者终止时，最好对双方原先约定的竞业限制义务是否需要继续履行进行专门确认。如果用人单位在劳动者离职时认为已无必要对该劳动者进行竞业限制，那就应当以书面等明示的形式告知劳动者，以避免该劳动者在重新就业时受到限制，阻碍劳动力的合理流动，也可以避免劳动者仍履行竞业限制义务，用人单位须支付不必要的竞业限制经济补偿。

3. 用人单位应依法及时向劳动者支付竞业限制经济补偿。用人单位往往想通过付出最低成本，获得最大利益，只想用竞业限制协议约束劳动者，而不想支付竞业限制补偿金。《最高人民法院关于审理劳动争议案件适用法律若干问题的解释（四）》（已失效，现见《最高人民法院关于审理劳动争议案件适用法律问题的解释（一）》）的相关规定，着重规定了用人单位在与劳动者签订了竞业限制协议之后，如何向劳动者支付竞业限制补偿以及劳动者如何维护自身权益的问题。在此情况下，用人单位明智的做法就是仔细研究相关法律规定，与劳动者签订合理合法的竞业限制协议，并按照约定及时向劳动者支付竞业限制补偿金。

案例六 劳动合同的效力

——无效劳动合同的认定及其法律后果

史伟①

案情回顾

（一）提出解除劳动关系的劳动者竟被查出提供虚假学历、学位及离职证明入职

我国就业竞争日趋激烈，为了获得一份好的工作，劳动力市场上应聘欺诈现象屡见不鲜，其中最常见的就是劳动者提供伪造的学历、资格证书等进行应聘。21 世纪是互联网发展的时代，互联网行业成为高收入行业之一，但互联网行业招聘往往有较高的门槛，要求有计算机学历以及工作经验等。2017 年，李飞行想找一份工作，看到“码农”的收入觉得是不错的职业，但了解到职位要求自己不满足条件后，李飞行“灵机一动”，便到天桥下办理了虚假的计算机专业的学位和学历证书，以及从其他互联网企业从业的离职证明。李飞行回家制作了自己的简历，通过上网搜索，在招聘网上应聘上上联公司的软件开发工程师职位。经过面试，李飞行被上上联公司录用。2017 年 4 月 5 日，李飞行入职上上联公司，双方签订 3 年期的劳动合同，约定月工资标准 6000 元，岗位为软件开发工程师。上上联公司一直未为李飞行建立社保账户，未缴纳社会保险。2018 年 3 月 7 日，李飞行以上上联公司未为其缴纳社会保险为由，向公司提出离职并邮寄了一份解除劳动合同通知书。2018 年 3 月 7 日，李飞行以上上联公司为被申请人向劳动仲裁委员会申请仲裁，请求裁决：支付解除劳动合同的经济补偿 6000 元。2018 年 5 月 4 日，

---

① 北京市第二中级人民法院民五庭法官。

劳动仲裁委作出裁决：驳回李飞行的仲裁请求。

（二）法院审理结果

李飞行不服劳动仲裁委员会的仲裁裁决，向一审法院提起诉讼。李飞行认为，上上联公司未依法为其缴纳社保，侵犯了自己的合法权益，其有权解除劳动合同并要求经济补偿金。上上联公司认为，李飞行入职时向公司提供了虚假的学历、学位证书和离职证明，却未如实告知，属于欺诈行为，双方劳动合同应确认无效，不应支付经济补偿金。

一审法院认为，用人单位、劳动者均应本着诚实信用的原则建立劳动关系。本案中上上联公司招聘软件工程师职位的任职资格是计算机专业本科及以上学历，而李飞行的毕业证书、学士学位证书经学信网查证均系虚假，存在以虚假学历、学位欺骗用人单位的情形，根据《劳动合同法》第二十六条“下列劳动合同无效或者部分无效：（一）以欺诈、胁迫的手段或者乘人之危，使对方在违背真实意思的情况下订立或者变更劳动合同的”的规定，劳动者以欺诈的手段使用人单位在违背真实意思的情况下订立劳动合同，该劳动合同应属无效。故法院认为李飞行主张的上上联公司支付其解除劳动合同经济补偿金的诉讼请求，缺乏事实依据，不予支持。

李飞行不服一审判决，在上诉期内上诉，二审法院在一审法院正确审理的基础上，积极释法调解，强调劳动关系中的诚实信用原则，李飞行与上上联公司最终和解，二审调解结案。

（三）本案争议焦点及主要法律问题

本案系一起涉及劳动者入职欺诈而形成的劳动合同效力认定的劳动争议案件。本案涉及劳动者以欺诈手段形成的劳动合同的效力认定、无效劳动合同的法律后果、入职欺诈的认定等劳动法律问题。本案的争议焦点为李飞行以虚假的学历、学位证书应聘入职上上联公司，双方签订的劳动合同效力如何？如果认定双方的劳动合同无效，无效的劳动合同如何处理？本案中，上上联公司未为李飞行缴纳社会保险的行为，能否支持李飞行解除合同补偿金的主张？

法理分析

（一）立法沿革：无效劳动合同制度发展历程

1994年的《劳动法》第十八条是我国无效劳动合同制度的先河。该规定承袭了《民法通则》第五十八条的规定，在内涵与立法精神上一脉相承，只要当事人订立合同时违背了平等自愿、协商一致的原则，合同就当然无效。

2008年《劳动合同法》第二十六条则在《劳动法》的基础上，进一步细化了无效劳动合同的规定，拓展了相关制度：一是增加了用人单位免除自己的法定责任，排除劳动者权利的劳动合同无效的情形；二是对采取欺诈、胁迫等手段订立劳动合同的情况进行了补充，增加了乘人之危的情形，并明确规定采用欺诈、胁迫的手段或者乘人之危订立或者变更劳动合同的，需要达到使对方违背真实意思的程度。三是删除了《劳动法》无效劳动合同自始无效的规定，但《劳动合同法》第二十八条对已付出劳动的劳动者的报酬规定，又呼应了《劳动法》第十八条，这一规定的隐性逻辑前提是：原来劳动合同约定的劳动报酬因为劳动合同的无效而一并无效。四是关于劳动合同无效的认定主体，《劳动法》第十八条规定由劳动争议仲裁机构或者法院确认，意味着确认劳动合同效力属于国家公权力的职权范围。与之相比，根据《劳动合同法》第二十六条规定，对劳动合同无效或者部分无效有争议的，用人单位与劳动者之间有权自行认定劳动合同无效，只有当双方意见不统一时，才由公权力介入予以确认。

目前，司法实践中判断劳动合同效力时，依据的主要是《劳动合同法》第二十六条，一般不再依据《劳动法》第十八条。从劳动合同的产生和发展看，无效劳动合同制度同样经历了一个从无效民事合同制度中剥离出来，并逐渐走向独立的制度发展的演进过程。

（二）理论辨析：入职欺诈而形成的劳动合同效力认定

无效劳动合同制度是劳动合同制度中的重要内容，因为其关系到劳动合同是否成立有效，关系到双方当事人的合法权益。设置无效合同制度的意义，在于通过国家公权力介入对合同关系进行干预以期阻止那些不具备生效要件的协议或交易发生当事人预期的法律效果，为契约自由设定法律上应有的界限。①

《劳动合同法》规定了属于无效劳动合同情况，具体而言，以下情况通常被确认为无效劳动合同：1. 劳动合同因违反国家法律、行政法规的强制性规定而无效。2. 采取欺诈、胁迫等手段订立的劳动合同无效。3. 用人单位免除自己的法定责任、排除劳动者权利的劳动合同无效。本案所具体涉及的即为采取欺诈、胁迫等手段订立的劳动合同无效的情形。

由于劳动者和用人单位之间信息不对称，劳动者提供虚假信息、隐瞒真实情况等欺诈入职的现象频繁发生，劳动者采取的欺骗行为是否一律构成入职欺诈，从而认定其与用人单位所签订的劳动合同无效？目前我国学术界对民法中的欺诈行为的认定一般采用四要件说，构成要件如下："其一，须有欺诈之故意；其二，须有欺诈行为；其三，须被欺诈人因受欺诈而陷于错误判断，即欺诈行为与错误判断之间有因果关系；其四，须被欺诈人基于错误判断而为意思表示。"② 司法实践中通常也采用此标准作为判定依据。

因劳动合同自身具有特殊性，致使劳动者入职欺诈与一般民事欺诈有一定的区别，根据法律规定和司法实践，归纳总结出劳动者入职欺诈的构成：第一，劳动者主观上具有欺诈故意；第二，劳动者有欺诈行为；第三，用人单位基于劳动者的欺诈行为产生错误判断；第四，用人单位因错误判断而作出意思表示。李飞行学历造假案例中，用人单位招聘的岗位为软件开发工程师，在职位发布要求中载明，"软件开发工程师职位要求……任职资格：1. 计算机专业本科及以上学历，有相关工作经验"。学历为招聘员工的重要因素，对用人单位与劳动者订立劳动合同有至关重要的影响，李飞行

① 陆胤、唐婵凤：《论劳动合同无效》，载董保华：《劳动合同研究》，中国劳动社会保障出版社 2005 版，第 215 页。

② 梁慧星：《民法总论》（第四版），法律出版社 2011 年版，第 180 页。

明知自身专业不对口，不符合录用条件，仍在入职时提供虚假学历，伪造工作经历，主观上明显存在故意，李飞行实施的欺诈行为诱导用人单位对其产生了错误判断，认为应聘者具有相关的工作能力，并且作出录用的决定，两者之间具有因果关系。因此李飞行的行为构成入职欺诈。依照我国现行劳动法律的规定，因李飞行存在入职欺诈行为，其与上上联公司签订的劳动合同被认定为无效。

劳动关系被确认无效之后的法律后果如何？依据我国相关劳动法律规定，无效劳动合同自订立之日起就不能作为确定劳动权利义务的依据，而在劳动合同被确认无效之前，劳动者所付出的劳动力具有不可回收性，故此阶段由原本无效的劳动合同所确定的劳动权利义务应当依法重新确定。根据劳动力具有不可回收性，劳动合同被确认无效，劳动者已付出劳动，用人单位应当向劳动者支付劳动报酬。但由于劳动者入职欺诈，双方形成的劳动关系无效，用人单位无须向劳动者支付未签订劳动合同的二倍工资、经济补偿、赔偿金等。本案中，上上联公司一直未为李飞行缴纳社会保险，但由于李飞行入职欺诈，双方签订的劳动合同无效，因此，李飞行所主张的解除劳动合同经济补偿金请求无事实基础，所以未能得到支持。

知识拓展

劳动者入职欺诈从本质上说，是一种违背诚实信用原则的行为。实践中不少劳动者使用假学历、假文凭欺骗用人单位，侵害了用人单位的知情权，基于劳动者提供的虚假信息，用人单位作出录用该劳动者的错误决定，破坏了劳动关系中双方当事人之间的信赖基础，不利于劳动关系的稳定健康发展，法律应当对其加以规制。

《劳动合同法》第三条明确规定，订立劳动合同时应当遵循诚实信用原则，劳动者和用人单位不得有欺诈、隐瞒行为。该原则要求双方当事人在订立劳动合同的过程中要诚实、守信用，应当各自履行基于劳动合同所产生的各种义务。

诚实信用的本质在于双方当事人利益的平衡。劳动合同订立阶段主要是劳动者根据实际情况寻找适合自己的工作，而用人单位筛选匹配岗位要求和条件的劳动者，从而确定劳动关系的双向选择的过程。劳动者在应聘时向用人单位如实地陈述自身情况，用人单位在招聘时对招聘岗位的情况也应履行主动说明义务，且意思表示需真实，不得有欺诈行为，不得隐瞒真实情况。这一阶段用人单位和劳动者的告知义务是基于诚实信用原则而产生的法定义务。

用人单位与劳动者均享有知情权，但双方所承担的说明义务具有一定的区别。对劳动者而言，这种告知义务是一种被动性、有条件性的，只有当用人单位主动询问时，劳动者才负有说明义务，并且劳动者只需要对用人单位要求了解的与合同相关的信息进行说明，但对于情感状况、怀孕情况等涉及个人隐私的问题，劳动者有权拒绝回答或作不真实回答。对用人单位而言，这种说明义务应当是必须履行的，具有主动性和无条件性，用人单位应主动告知劳动者与工作岗位密切相关的信息，以便劳动者作出判断。

实践中，有关劳动者入职欺诈现象频频发生，一方面，劳动者提供虚假学历、伪造工作经历、冒名顶替其他劳动者入职、虚构职业技能等提供的虚假信息与订立劳动合同直接相关，此类情况称之为积极的欺诈行为。另一方面，劳动者出于保护自己的隐私，或担心用人单位就业歧视，为享有平等就业权，从而隐瞒婚育状况或患有某种疾病的情况，其隐瞒的情况与劳动合同的履行并没有直接关联，此类情况称之为消极的欺诈行为。此时劳动者与用人单位订立的劳动合同效力如何？是否存在入职欺诈就一定导致双方形成的劳动关系无效？用人单位与劳动者订立劳动合同时，劳动者的告知义务的范围显得较为重要。

实践中，入职欺诈有两种类型。一是虚假陈述。劳动者采用故意告知虚假情况的方式欺诈入职，通常包括劳动者提供虚假学历、伪造工作经历、冒名顶替其他劳动者入职、虚构职业技能等情形。二是隐瞒事实。在现实生活中，劳动者采用隐瞒情况的方式欺诈入职，通常包括劳动者隐瞒怀孕情况、结婚状况、犯罪前科或患病等情形，骗取用人单位与之订立劳动合同。工作中用人单位一旦发现上述隐瞒的事实，便以欺诈为由诉至法院要求判决双方已签订的劳动合同无效。

但司法实践中，法院认定劳动者对信息的虚假陈述或故意隐瞒是否构成欺诈，应视具体情况具体分析。如果用人单位所要求了解的信息与应聘的工作岗位、职责存在直接、实质的关联性时，求职者应主动告知，不得隐瞒，否则构成欺诈。但是，如果用人单位所要求了解的信息与应聘的工作岗位、职责没有直接、实质的关联性时，求职者所进行的"欺诈"行为不应当影响所签订的劳动合同的效力。因此，认定劳动者构成入职欺诈的关键在于，该行为是否与用人单位招聘的工作岗位、职责息息相关。

一般情况下，倾向于认定学历、工作履历、技能资质、健康状况等信息属于与劳动合同直接相关的基本情况，婚姻状况、生育状况、籍贯、家庭状况等信息不属于与劳动合同直接相关的基本情况，但具体审查时，应结合行业特殊性、岗位要求、工作内容以及用人单位支付的劳动对价等因素进行综合判断。

本案中，上上联公司在招聘软件开发工程师的岗位时，明确了该岗位的学历、工作履历的要求，但李飞行提供虚假的学历、学位及离职证明应聘，该岗位与学历、工作履历之间的联系息息相关，李飞行未履行如实告知义务，违反了诚实信用原则，构成入职欺诈，导致双方签订的劳动合同被认定为无效。

普法提示

近年来，由于劳动者入职欺诈事件频频发生，用人单位的合法权益受到一定威胁，同时，劳动者在无效劳动合同中的利益也可能受到损害，如本案中，虽然李飞行入职欺诈导致双方劳动合同无效，但上上联公司在李飞行劳动期间也一直未为李飞行缴纳社会保险，因此，在《劳动合同法》以保护劳动者合法权益的立法宗旨下如何均衡双方的利益是亟待解决的问题。

《劳动法》建立了我国劳动合同无效制度。《劳动法》第十八条[①]规定劳动合同无效的情形、法律后果及认定主体。《劳动合同法》[②]进一步完善了劳动合同无效制度。司法实践中，判断劳动合同效力时，依据主要是《劳动合同法》第二十六条，一般不再依据《劳动法》第十八条。本案所具体涉及的情形即为采取欺诈、胁迫等手段订立的劳动合同无效的情形。

关于劳动关系被确认无效之后的法律后果，依据《劳动合同法》第二十八条[③]规定，无效劳动合同自订立之日起就不能作为确定劳动权利义务的依据，劳动者已付出劳动，用人单位应当向劳动者支付劳动报酬。因劳动者入职欺诈，双方形成的劳动关系无效，用人单位无须向劳动者支付未签订劳动合同的二倍工资、经济补偿、赔偿金等。

目前，根据法律规定和司法实践，归纳总结出劳动者入职欺诈的构成：第一，劳动者主观上具有欺诈故意；第二，劳动者有欺诈行为；第三，用人单位基于劳动者的欺诈行为产生错误判断；第四，用人单位因错误判断而做出意思表示。

劳动者入职欺诈从本质上说，是一种违背诚实信用原则的行为。《劳动合同法》第三条明确规定，订立劳动合同时应当遵循诚实信用原则，劳动者和用人单位不得有欺诈、隐瞒行为。

---

① 《劳动法》第十八条：下列劳动合同无效：（一）违反法律、行政法规的劳动合同；（二）采取欺诈、威胁等手段订立的劳动合同。无效的劳动合同，从订立的时候起，就没有法律约束力。确认劳动合同部分无效的，如果不影响其余部分的效力，其余部分仍然有效。劳动合同的无效，由劳动争议仲裁委员会或者人民法院确认。

② 《劳动合同法》第二十六条：下列劳动合同无效或者部分无效：（一）以欺诈、胁迫的手段或者乘人之危，使对方在违背真实意思的情况下订立或者变更劳动合同的；（二）用人单位免除自己的法定责任、排除劳动者权利的；（三）违反法律、行政法规强制性规定的。对劳动合同的无效或者部分无效有争议的，由劳动争议仲裁机构或者人民法院确认。《劳动合同法》第二十七条：劳动合同部分无效，不影响其他部分效力的，其他部分仍然有效。

③ 《劳动合同法》第二十八条：劳动合同被确认无效，劳动者已付出劳动的，用人单位应当向劳动者支付劳动报酬。劳动报酬的数额，参照本单位相同或者相近岗位劳动者的劳动报酬确定。

因此，诚实信用的本质在于双方当事人利益的平衡。要求双方当事人在订立劳动合同的过程中要诚实、守信用，应当各自履行基于劳动合同所产生的各种义务。

对于用人单位而言，首先，严格遵循诚实信用原则。在招聘时，应对招聘岗位的情况履行主动说明义务，且意思表示须真实，不得有欺诈行为，不得隐瞒真实情况，主动、全面、真实地履行告知义务。其次，严格落实劳动基准方面的规定，依法足额为劳动者缴纳社会保险费。社会保险等事项事关劳动者切身的利益和安全，本案中，尽管双方签订的劳动合同无效，但上上联公司一直未为李飞行缴纳社会保险，并存在入职管理等方面的问题。

对于劳动者而言，首先，树立正确的就业观念，诚实信用为立人之本。在应聘时，事关学历、工作履历、技能资质、健康状况等与工作岗位密切相关的个人情况，应全面、真实地向用人单位陈述，不得有欺诈行为。其次，面临就业歧视等情况，积极维护自身权益。应聘时，事关婚姻状况、生育状况、籍贯、家庭状况等与工作岗位无实质联系的，有权利拒绝或不回答。如果用人单位基于婚姻状况、籍贯等情况而不予面试录取，构成就业歧视的，应主动积极保护自身权益。

建立真正平等、信任和互惠的劳动关系，需要强化用人单位与劳动者双方内心的诚信理念。签订劳动合同时，双方如实履行告知义务，尽各种必要的注意和说明义务，双方不能有欺诈行为，不得隐瞒真实情况，以诚相待，促使劳动合同得以成立、生效并履行，从而实现劳动者和用人单位之间的实质公平，成为保护双方当事人合法权益的利剑。

第二章

劳动合同的履行和变更

案例一

劳动报酬

——劳动报酬的内容及其权利保护

易晶晶[①]

案情回顾

（一）销售员遭遇欠付工资和恶意解除，起诉法院维护权益

当今社会，劳动是人们谋生的手段。劳动者以提供劳动，获得劳动报酬，作为最重要的生活来源。用人单位通过劳动者的劳动获得经济价值，同时按劳动合同约定按时支付劳动者工资。然而，很多用人单位由于经营不善、不诚信、缺乏社会责任等原因，故意拖欠或者克扣劳动者工资，逃避责任，导致劳动者权利受损。因此，追索劳动报酬也成为劳动争议案件中最常见的诉求。

赵某某于2015年11月15日至2018年3月14日在国光电器公司任销售。2018年1月17日，双方补签劳动合同，约定月工资3000元，但赵某某每月银行打卡发放的工资数额均高于此数额。2018年2月1日至2018年3月14日，赵某某基本工资未发放。2018年3月，赵某某因与国光电器公司在差旅费的报销问题上发生争议，该公司突然于3月14日作出辞退决定，内容为：员工赵某某在我公司2017年年度绩效考核中，表现不好，未能达到公司标准，调岗过程中索要差旅费，予以辞退。

国光电器公司解除劳动关系之时，欠付赵某某2018年2月1日至3月14日期间的工资、工作期间的销售提成以及未休年假工资，同时国光电器公司无端解除劳动合同导致赵某某劳动权受损，因此，赵某某以国光电器公司

① 北京市第二中级人民法院民五庭法官。

为被申请人向劳动仲裁委员会申请仲裁，要求继续履行劳动合同，同时要求国光电器公司支付 2018 年 3 月 15 日至 2018 年 8 月 2 日基本工资、2018 年 2 月 1 日至 2018 年 3 月 14 日基本工资、2017 年 9 月 1 日至 2018 年 1 月 25 日销售提成、2017 年 1 月 1 日至 2018 年 3 月 14 日未休年休假工资。仲裁裁决双方继续履行劳动合同，并裁决国光电器公司支付赵某某欠付工资、销售提成和未休年假工资。

仲裁裁决作出后，双方均不服。国光电器公司认为欠付工资应该按照每月 3000 元的标准计算，同时认为赵某某作为销售人员，与阿勒泰旅游公司签订的销售合同没有对方公司签字及盖章，导致拖欠货款无法收回，因此不应支付该份合同涉及的提成，此外不同意继续履行劳动合同。赵某某亦对仲裁裁决计算的工资数额存有异议，认为其工资标准为 6000 元，且国光电器公司欠付销售提成。双方为此诉至一审法院，后又均提起上诉。

（二）法院审理结果

经审理，法院认为因劳动合同系补签，结合赵某某提交的银行流水中的工资发放数额，认定赵某某月工资为 6000 元。国光电器公司应当按照 6000 元标准支付赵某某 2018 年 2 月 1 日至 3 月 14 日期间的工资。

国光电器公司于 2018 年 3 月 14 日作出辞退书缺乏法律依据，双方应当继续履行劳动合同。赵某某 2018 年 3 月 14 日后未能正常提供劳动系因国光电器公司违法解除劳动关系导致，国光电器公司应当对其违法行为承担责任，按照赵某某的正常工资标准支付 2018 年 3 月 15 日至 2019 年 3 月 21 日期间的工资。

关于未休年休假工资，国光电器公司主张赵某某已休过年休假，但提交的微信截图无法证明批准赵某某年假，应当支付赵某某 2016 年 11 月 15 日至 2018 年 3 月 14 日期间未休年休假工资。

关于销售提成，根据双方均认可的薪资绩效方案、销售合同、收款证明，能够证明国光电器公司欠付赵某某 2017 年 9 月 1 日至 2018 年 1 月 25 日销售提成。国光电器公司称与阿勒泰旅游公司签订的销售合同没有对方公司签字及盖章，导致拖欠货款无法收回，不应支付该份合同涉及的提成。但该公司在销售合同不签字及盖章的情况下即发货的做法有悖常理，即便存在销售合同没有对方公司签字及盖章的事实，在国光电器公司未能充分举证证明赵某某存在过错的情况下，亦不能归责于赵某某。故对国光电器公司的上述主张不予采信，判令国光电器公司支付销售提成。

据此，法院作出以下终审判决：一、国光电器公司与赵某某继续履行劳动合同；二、国光电器公司于判决生效后 7 日内支付赵某某 2016 年 11 月 15 日至 2018 年 3 月 14 日期间未休年休假工资 3310 元；三、国光电器公司于判决生效后 7 日内支付赵某某 2017 年 9 月 1 日至 2018 年 1 月 25 日销售提成 35381.97 元；四、国光电器公司于判决生效后 7 日内支付赵某某 2018 年 3 月 15 日至 2019 年 3 月 21 日工资 73379.3 元；五、国光电器公司于判决生效后 7 日内支付赵某某 2018 年 2 月 1 日至 2018 年 3 月 14 日工资 7103.44 元；六、驳回国光电器公司的其他诉讼请求；七、驳回赵某某的其他诉讼请求。

（三）本案争议焦点及主要法律问题

本案系一起劳动者主张用人单位欠付工资、销售提成，同时违法解除劳动关系剥夺劳动者劳动权利，导致劳动者工资受损而引发的劳动争议案件。本案关于赵某某提供劳动，国光电器公司欠付劳动报酬的问题，涉及两个争议焦点：一是赵某某工资标准的认定。双方补签的合同中注明月工资标准为 3000 元，但赵某某对此标准不予认可，且实际发放的工资高于此数额，应如何认定工资标准？二是用人单位是否存在未支付劳动者工资、销售提成的情况，销售提成支付条件是否成就的举证责任应当如何分配？

此外，国光电器公司违法解除劳动关系导致赵某某不能正常提供劳动，在双方恢复继续履行期间赵某某是否存在损失也是本案需要解决的问题。

法理分析

（一）立法沿革

1. 劳动报酬权是公民的一项基本人权和财产权，受法律的保护

劳动报酬权是指劳动者在劳动关系中从属于用人单位，付出一定劳动后应当获得报酬的权利。劳动报酬是劳动者付出劳动后取得的最基本的收入。及时获得劳动报酬不仅是劳动者自身价值实现的直接体现，也是劳动者维系个人及家庭生存发展的基本保障。我国宪法在“公民的基本权利和义务”一章中确认中华人民共和国公民有劳动的权利和义务，规定国家通过各种途径创造劳动就业条件，加强劳动保护，改善劳动条件，并在发展生产的基础上，提高劳动报酬和福利待遇。劳动者提供劳动，用人单位及时足额支付劳动报酬是双方劳动合同的约定，也是用人单位的法定义务。劳动者的劳动报酬权如果不能得到保障，其生存将受到威胁。但现实生活中，用人单位克扣或者欠付工资报酬的现象屡屡发生，严重影响了劳动者基本生存和发展的权利。因此，我国劳动法制定了一系列法规，对劳动者基本的生活权利予以保护。

《劳动合同法》第三十条第一款规定，用人单位应当按照劳动合同约定和国家规定，向劳动者及时足额支付劳动报酬。《劳动法》第五十条规定：“工资应当以货币形式按月支付给劳动者本人。不得克扣或者无故拖欠劳动者的工资。”本案中，赵某某作为销售人员，为国光电器公司提供劳动，国光电器公司应当及时足额支付赵某某工资。

2. 劳动报酬包含的内容

劳动报酬是用人单位依据国家有关规定或者劳动合同的约定，以货币形式支付给劳动者的工资收入。根据国家统计局 1990 年 1 月 1 日发布的《关于工资总额组成的规定》，工资一般包括计时工资、计件工资、奖金、津贴和补贴、加班工资以及特殊情况下支付的工资等。其中，计时工资是指按计时工资标准（包括地区生活费补贴）和工作时间支付给个人的劳动报酬。计件工资是指对已做工作按计件单价支付的劳动报酬。奖金是指支付给职工的超额劳动报酬和增收节支的劳动报酬。津贴和补贴是指为了补偿劳动者特殊或者额外的劳动消耗和因其他特殊原因支付给劳动者的津贴，以及为了保证职工工资水平不受物价变化影响支付给劳动者的各种补贴。加班工资指职工在法定的标准工作时间之外超时劳动所获得的额外的劳动报酬，即加班费。特殊情况下支付的工资主要包括根据国家法律、法规和政策规定，因病、工伤、产假、计划生育假、婚丧假、事假、探亲假、定期休假、停工学习、执行国家或社会义务等原因按计时工资标准或计时工资标准的一定比例支付的工资，以及附加工资、保留工资。

本案中，赵某某作为销售人员，其工作内容决定很难实行标准工作时间，因而采取基本工资加销售提成的工资构成。这也是销售人员经常使用的工资分配方式，符合销售市场实际情况。赵某某销售货物后，从销售收入或者利润中抽取一部分作为工资收入，属于计件工资的表现形式。因此，赵某某在本案中主张的销售提成也是劳动报酬的形式之一。

3. 劳动报酬数额认定及支付情况的举证责任分配问题

“谁主张，谁举证”是我国民事诉讼法的一般举证责任，劳动争议案件的举证责任同样适用该原则。但由于劳动争议案件的主体相对特殊，劳资双方属于管理与被管理的关系。一旦双方发生争议，很多证据如劳动合同、考勤记录、工资支付记录、福利发放记录等均由用人单位掌握，劳动者往往很难获得或者根本无法获得这些证据材料。如果一律适用“谁主张，谁举证”原则，无法有效保护劳动者获得劳动报酬的权利。因此，劳动法中采取举证责任倒置的方式，以平衡劳动者和用人单位的地位。《劳动争议调解仲裁法》第六条规定：“发生劳动争议，当事人对自己提出的主张，有责任提供证据。与争议事项有关的证据属于用人单位掌握管理的，用人单位应当提供；用人单位不提供的，应当承担不利后果。”该条将举证责任倒置作为一般举证原则的例外规定。

本案中，关于工资标准、销售提成支付条件是否成就的举证责任分配问题，法院考虑到双方举证能力的强弱，结合对工资标准以及销售提成的举证情况，认为国光电器公司就工资的支付情况以及不同意支付销售提成的原因未能充分举证，应承担举证不能的法律后果，故采信个人主张并据此作出判决。

（二）理论辨析

劳动报酬是劳动者提供劳动的价值回报，是劳动合同的主要内容。根据《劳动合同法》的规定，在订立劳动合同时必须明确约定劳动报酬。然而实践中，一些用人单位在招用劳动者时对劳动报酬只字不提，在签订劳动合同时对劳动报酬不作约定或模糊处理，在支付劳动者报酬时恶意克扣劳动报酬，规避自身责任，引发劳动争议。这种做法极大地破坏了劳动者和用人单位之间的和谐，影响劳动者权益。

本案中的国光电器公司在赵某某入职之初未签订劳动合同，事后补签合同，且在劳动合同中约定的工资标准与实际发放数额相矛盾，致使赵某某无法根据劳动合同证明其具体的工资数额。在此情况下，从保护劳动者劳动报酬权原则出发，应当合理分配举证责任，倾斜保障劳动者的合法权益。因赵某某就其工资标准已提交银行明细尽到自己的举证责任，而公司未提供工资支付凭证或记录，未就银行明细的数额构成予以说明，应承担不利后果。法院按照赵某某主张的工资数额认定工资标准为 6000 元 / 月，合理合法。

关于销售提成，涉及提成的支付条件、支付时间、支付比例等各种复杂问题，导致提成工资引发争议的现象较为普遍。劳动者主张提成工资的案件，根据“谁主张，谁举证”原则，应当由主张权利存在的当事人对权利发生的事实承担举证责任，而主张权利不存在的当事人对权利消灭原因承担举证责任。赵某某主张存在销售提成，按照“谁主张，谁举证”的原则，首先，应当由赵某某就双方有销售提成的约定，以及存在用人单位欠付销售提成承担举证责任。至于举证到何种程度，往往根据案情中当事人对证据的掌控情况、收集证据能力的强弱等因素合理分配。其次，在赵某某就销售提成承担初步举证责任后，证明存在销售提成的前提下，国光电器公司就其不同意支付的抗辩理由应当充分举证。因国光电器公司就不同意支付的原因未能作出合理解释和充分举证，故应当支付赵某某销售提成。

此外，需要注意的是关于违法解除直至恢复履行劳动关系期间的工资损失问题。根据原劳动和社会保障部办公厅发布的《关于用人单位违反劳动合同规定有关赔偿办法问题的复函》(劳社厅函〔2001〕238号)的解释，用人单位违反国家法律法规或劳动合同的约定，解除劳动合同对劳动者造成损害的，应赔偿劳动者不能提供正常劳动而损失的工资收入。国光电器公司违法将赵某某予以辞退，虽然在劳动关系解除之后到恢复履行前，劳动者并没提供劳动，但责任不在劳动者，同时因国光电器公司违法解除劳动关系，致使赵某某在此期间不能参加工作，无法获得生活来源，其权益受到损失。从公平原则讲，用人单位当然应当补发上述期间的工资。故法院判令双方继续履行劳动合同，同时判令国光电器公司承担赔偿责任，即向劳动者补发工资。

知识拓展

一直以来，“欠薪”问题广受社会关注。用人单位存在故意规避法律、逃避责任的情形，对工资构成的性质存在理解偏差，生产经营发生困难等各种原因导致用人单位未能及时足额支付工资，引发劳动争议。

用人单位故意克扣或者降低劳动者工资是“欠薪”案件最主要的原因。劳动报酬是劳动合同的必备条款。在劳动合同履行过程中，用人单位应当严格按照劳动合同约定及时足额支付劳动报酬。如双方变更劳动报酬的标准，应当遵循平等自愿、协商一致的原则。在未与劳动者协商一致的情况下，用人单位单方降低劳动者的工资标准或者延迟支付工资，既违反劳动合同的约定，也违反劳动法的强制性规定。根据《劳动合同法》第三十八条第二项、第四十六条第一项的规定，用人单位未及时足额支付劳动报酬的，劳动者可以解除劳动合同，用人单位应当向劳动者支付经济补偿。《劳动合同法》中的相关规定基于劳动者的弱势地位，赋予劳动者单方解除权，保障了劳动者的劳动报酬权。如果发生用人单位恶意拖欠劳动报酬的情形，劳动者可以此为由提出解除劳动合同，用人单位除应补发工资差额外，还应当支付经济补偿金。作为劳动者，当遭遇恶意欠薪事件时，切不可忍气吞声，纵容侵害自身权利事件的发生，应当拿起法律武器维护合法权益。

对工资构成的性质存在理解偏差引发的“欠薪”案件主要集中在劳动者追索奖金类案件中，包括绩效奖金、年终奖等。奖金属于工资的组成部分。《劳动法》第四十七条规定，用人单位根据本单位的生产经营特点和经济效益，依法自主确定本单位的工资分配方式和工资水平。因此，用人单位可以结合自身情况，将奖金的发放与企业经营状况、劳动者的工作业绩挂钩，自主决定发放条件，以此起到激励员工的作用。

现实中，劳动者往往通过既往获得奖金的惯例推定今后必然应当获得奖金，而用人单位则片面认为奖金的支付属于用人单位自主决定范畴，对于是否发放奖金享有绝对的决定权。双方在对奖金的认识问题上存在偏差导致纠纷产生。事实上，对于奖金的支付应该区别对待。如果用人单位与劳动者在劳动合同、规章制度中明确约定奖金数额或支付条件，则应当按照相关约定向劳动者发放奖金。如果用人单位仅根据其经营效益好坏决定是否向劳动者发放奖金，双方并无劳动合同约定或规章制度规定，则此种奖金属于企业的自主权范畴，由用人单位自主决定是否发放，不具备强制性。

最后，针对用人单位因生产经营困难等客观原因导致不能及时足额支付工资的情况，劳动者应当以理性、包容的心态，帮助企业渡过难关。

普法提示

本文通过赵某某遭遇欠薪以及违法解除劳动关系之后，运用法律武器维护自身权益并获胜的案例，阐述了劳动报酬包含的内容，涉及劳动报酬追偿问题的举证责任分配问题，体现出《劳动法》对劳动者劳动报酬权保护的立法宗旨，对劳动者倾斜性保护的原则。

根据《劳动合同法》第八十五条规定，下列情况均属于用人单位欠付工资的情形：1. 没有按照劳动合同约定或者国家规定及时足额支付劳动者劳动报酬的；2. 所支付的工资低于当地最低工资标准的；3. 安排加班不支付加班费的；4. 解除或者终止劳动合同时没有按照劳动合同法规定向劳动者结算工资和支付经济补偿的。劳动者遇到上述情况，应当提高维权意识，主动及时地要求用人单位补足未发放的工资差额。

劳动者如果遭遇“欠薪”，应当通过以下途径维权：1. 根据《劳动争议调解仲裁法》第九条规定：“用人单位违反国家规定，拖欠或者未足额支付劳动报酬，或者拖欠工伤医疗费、经济补偿或者赔偿金的，劳动者可以向劳动行政部门投诉，劳动行政部门应当依法处理。”劳动者可向劳动行政监察部门举报或投诉。2. 根据《劳动争议调解仲裁法》第二十七条、四十八条规定，在劳动争议发生之日起一年内向劳动争议仲裁委员会提出书面申请；如对仲裁裁决不服的，可自收到仲裁裁决书之日起 15 日内向人民法院提起诉讼。3. 根据《最高人民法院关于审理劳动争议案件适用法律问题的解释（一）》第十五条之规定，劳动者以用人单位的工资欠条为证据直接提起诉讼，诉讼请求不涉及劳动关系其他争议的，视为拖欠劳动报酬争议，人民法院按照普通民事纠纷受理。4. 根据《劳动合同法》第三十条第二款以及《劳动争议调解仲裁法》第十六条之规定，用人单位拖欠或者未足额支付劳动报酬的，劳动者可以依法向当地人民法院申请支付令，人民法院应当依法发出支付令。

结合本文所述案例，针对欠薪类劳动争议案件，对劳动者和用人单位做以下几点提示，以便双方更好地维护自身合法权益，促进双方关系和谐稳定发展。

第一，劳动者在入职时要签订劳动合同，在劳动合同中必须要体现出工资报酬等重要信息。

第二，劳动者应增强维权意识，涉及工资相关的规章制度、员工手册等，以及工资支付记录，特别是移动设备上的转账记录等要注意留存，以备在发生争议时能够提供完整连续的工资发放凭证，作为证明工资标准的直接或间接证据使用，保护自身合法权益。

第三，用人单位在劳动合同、规章制度中应约定工资标准、工资构成，对工资支付日期以及合理的延时支付情形要尽可能予以明确。

第四，对年终奖、绩效提成等容易引发劳动争议的款项，要与劳动者充分沟通，明确款项性质，避免理解偏差，同时将年终奖和绩效提成的发放对象、发放条件、发放标准、发放时间等载明在公司规章制度中，以降低诉讼风险。

第五，刑法修正案将拒不支付劳动报酬罪纳入刑法，以转移财产、逃匿等方法逃避支付劳动者报酬或者有能力支付而不支付劳动者报酬，数额较大，经政府有关部门责令仍不支付的行为构成拒不支付劳动报酬罪。用人单位要遵纪守法，切不可触碰法律底线。

案例二

工作时间和休息权

——劳动者被安排加班后如何主张权利

朱芸[①]

案情回顾

（一）职工因休息权受到侵害主张权利

互联网实行的“996”工作制引起社会的广泛讨论，伴随着这一热度，引起人们对职工加班现象的关注。现代社会，在经济利益的驱动下，大量用人单位违反法定条件和程序、超过法定限制时数，要求员工加班加点延长工作时间或设置不合法的工作时间制度，而劳动者处于弱势一方，工作期间不得不接受用人单位不合理的工作时间安排的现象随处可见。

任晓晓系欢乐假日酒店的员工，于2017年4月27日入职欢乐假日酒店，担任客服主管，月固定工资为6000元，双方签订了劳动合同。工作期间，任晓晓周二至周日上班，周一休息。后双方关于加班的情况产生了争议。任晓晓主张其全年都是周二至周日上班，周一休息，所以存在休息日加班和法定节假日加班的情况。欢乐假日酒店认可该上班制度，但表示公司每年11月至次年3月是封场期不工作，所有法定节假日和未休周六日都可以在这期间调休，故拒绝支付加班费。

后任晓晓就其多项劳动权利受损与欢乐假日酒店多次协商沟通，终未果，故选择用法律武器来捍卫自己的权利。2018年11月2日，任晓晓申请劳动仲裁，劳动仲裁委员会裁决：1. 任晓晓与欢乐假日酒店自2017年4月27日至2018年11月2日期间存在劳动关系；2. 欢乐假日酒店向任晓

---

① 北京市第二中级人民法院民五庭法官助理。

晓支付解除劳动关系经济补偿金 12000 元；3. 欢乐假日酒店向任晓晓支付 2018 年 9 月 29 日至 2018 年 11 月 2 日期间工资差额 6000 元；4. 驳回任晓晓的其他仲裁请求。任晓晓不同意上述仲裁结果，于法定期限内起诉至一审法院，一审法院经审理判决：1. 确认任晓晓与欢乐假日酒店自 2017 年 4 月 27 日至 2018 年 11 月 2 日期间存在劳动关系；2. 欢乐假日酒店于判决生效之日起 10 日内支付任晓晓解除劳动合同经济补偿金 12000 元；3. 欢乐假日酒店于判决生效之日起 10 日内支付任晓晓 2018 年 4 月 27 日至 2018 年 11 月 2 日期间的未休年休假工资 1108.05 元；4. 欢乐假日酒店于判决生效之日起 10 日内支付任晓晓 2017 年 4 月 27 日至 2018 年 11 月 2 日期间的休息日加班费 30471.26 元；5. 欢乐假日酒店于判决生效之日起 10 日内支付任晓晓 2017 年 4 月 27 日至 2018 年 11 月 2 日期间的法定节假日加班费 9141.38 元；6. 欢乐假日酒店于判决生效之日起 10 日内支付任晓晓 2018 年 9 月 29 日至 2018 年 11 月 2 日期间工资差额 6000 元；7. 驳回任晓晓的其他诉讼请求。任晓晓、欢乐假日酒店对一审判决均不服，上诉至二审法院。任晓晓上诉请求欢乐假日酒店支付其 2017 年 4 月 27 日至 2018 年 11 月 2 日期间的未休年休假工资 7000 元、周六日加班费 40000 元；欢乐假日酒店上诉请求改判驳回任晓晓的全部诉讼请求。

诉讼过程中，关于加班费，欢乐假日酒店发表答辩意见称，根据酒店行业惯例及经营性质，酒店冬季期间处于封场期，员工不用上班，酒店将周六日等节假日均调休至封场期且该期间已经向任晓晓支付了 60% 的工资，故不同意支付任晓晓主张的加班费。

（二）法院审理结果

法院审理期间，针对加班争议，任晓晓向法庭提交了请假单 2 张、通知照片 1 张，载明任晓晓的国庆假 3 天调至 2018 年 11 月 1 日、11 月 2 日和 11 月 9 日休息，欲证明其在 2018 年国庆节假日期间上班；欢乐假日酒店认可该组证据的真实性，认可国庆期间上班的事实。任晓晓向法庭提交了 2017 年 6 月至 10 月以及 2018 年 3 月至 7 月的考勤表、微信聊天截图、滴滴打车软件截图，欲证明其存在加班的情况；欢乐假日酒店不认可该证据的真实性。欢乐假日酒店向法庭提交了任晓晓在2017年和2018年的考勤表，欲证明任晓晓的出勤情况；任晓晓对其中大部分的出勤情况表示认可，仅对少数日期的出勤情况提出了异议。经询问，双方均认可欢乐假日酒店实施标准工时制，且欢乐假日酒店表示在封场期间任晓晓的工资仅发放60%，任晓晓仅认可2018年1月2日至2月20日期间封场，但表示封场期间也需要上班。

经过审理，二审法院认为：关于加班费，结合双方当事人对于出勤情况出示的证据以及庭审陈述，一审法院采信欢乐假日酒店提交的考勤表并无不妥。欢乐假日酒店陈述根据经营的行业性质，每年的11月15日至次年的3月15日公司处于封场状态，并且在封场停止营业期间酒店已经向任晓晓支付了60%的工资。欢乐假日酒店据此主张上述的停业时间和支付的工资数额能够折抵任晓晓在职期间的周六日加班、法定节假日加班费，但依据欢乐假日酒店自行提交的考勤表、工资表显示，2017年的11月、12月以及2018年的3月任晓晓的考勤情况均属于正常出勤，工资发放数额亦为足额发放。此与其陈述不相符，故二审法院对欢乐假日酒店关于封场期间属于集中调休并且已支付相应比例的工资无须再行支付加班费和未休年休假工资的主张不予支持。欢乐假日酒店应当依照法律规定的标准向任晓晓支付对应的加班费和未休年休假工资。结合出勤表所反映的欢乐假日酒店的营业时间和任晓晓的调休状况，一审法院经综合计算后所认定的任晓晓周六日加班与法定节假日加班情况并无不当。据此，一审法院认定的任晓晓周六日加班费、法定节假日加班费均无不当，二审法院予以确认。二审法院作出如下判决：驳回上诉，维持原判。该判决为终审判决，现已生效。

（三）本案争议焦点及主要法律问题

本案涉及劳动争议的诸多问题，就用人单位违反法定条件和程序，超过法定工时，侵犯劳动者正当休息权，本案亦是众多案例中的典型。劳动者的休息权指劳动者在行使劳动权的过程中，有保护身体健康，提高劳动效率，根据国家法律和制度的有关规定，而享有的休息和休假的权利。[①] 在劳动关系中，用人单位和劳动者地位不对等是导致劳动者休息权受侵犯的重要因素，而法律意识的淡薄使得用人单位屡屡无视劳动法律规定，侵犯劳动者休息权的案件屡见不鲜。

本案中任晓晓与欢乐假日酒店均认可任晓晓全年周二至周日上班，周一休息一天，欢乐假日酒店在未履行支付加班费义务的前提下，凭靠主观臆断根据酒店行业惯例及其酒店的经营特点，将周六日、法定节假日均调休至封场期来折抵加班费的支付是否合理合法，是本案争议的焦点。

法理分析

（一）休息权及工时制度的意义

《宪法》第四十三条规定，中华人民共和国劳动者有休息的权利，而工时和休假制度正是劳动条件的关键内容。休息权的实现途径即为改善劳动条件，改善劳动条件的实现途径之一是改善劳动者和用人单位双方的契约平等，亦即保证契约内容上的正当性，具体化为劳动基准法定。而劳动基准法定，是指用法律来规定有关工资、劳动时间、休息以及其他劳动条件的基本标准。我国没有专门的劳动基准法典，但《劳动法》规定了劳动基准的内容，关于劳动休息权的劳动基准主要由工作时间制度和休息休假制度组成。《劳动合同法》对此均亦有规定，除此之外，《工资支付暂行条例》《最低工资规定》《国务院关于职工工作时间的规定》《职工带薪年休假条例》及《关于企业实行不定时工作制和综合计算工时工作制的审批办法》等对职工休假、加班加点及相关的工资待遇均作出了具体规定，它们组成了关于工作时间和休息休假的劳动基准制度。

工时制度是劳动基准法定的基本内容，国家设立工时制度，其目的在于

① 胡锦光、韩大元:《当代人权保障制度》，中国政法大学出版社 1993 年版，第 49 页。

通过限制工作时长进而保障劳动者能够获得足够的时间进行休息和恢复，其实质是用国家公权力对用人单位施加义务，对劳动条件的形成进行介入、监督和干预。虽然我国劳动法通过劳动基准制对企业用工时间及劳动者休息时间作出了强制性的法律规定，但在实践中，部分用人单位突破劳动基准制过度用工的现象层出不穷。用人单位侵害劳动者休息权的方式也不尽相同，有直接违法的情形，如随意安排加班，使工作时间超出法定上限，且不依法补偿；也有通过间接手段来规避劳动者对于用工的限制，主要体现为：一是规定过高的劳动定额，迫使劳动者变相加班；二是通过与劳动者订立合同，建立不公平的工作机制；三是不按法律规定的程序变更劳动条件，直接落实单方制定的工作制度。

本案中，欢乐假日酒店认可任晓晓在职期间周二至周日上班，周一休息，这一情况体现出欢乐假日酒店作为用人单位不按法律规定的程序变更劳动条件，直接落实其酒店单方制定的工作制度，随意延长劳动者的工作时间，侵犯劳动者的休息权利。

（二）适用于保护劳动者休息权的法律规定

《劳动法》第三条不仅将休息作为劳动者的一项基本权利加以确认，而且通过第四章的专门规定，建立了劳动者工作时间和休息休假的具体法律制度。《劳动法》通过严格控制加班和延长劳动时间的法律规定，保证劳动者休息权的切实实现，同时还规定劳动者享有工作时间内的间歇时间，两个工作日之间必要的休息时间、周末休假日、法定节假日、职工探亲假、年假等休息休假时间。此外，《劳动合同法》《劳动保障监察条例》《全国年节及纪念日放假办法》《企业职工带薪年休假实施办法》《劳动和社会保障部关于非全日制用工若干问题的意见》《劳动部对企业单位工人、职员加班加点、事假、病假和停工期间工资待遇的意见》等规定不仅从宏观上对劳动者的休息权进行了制度层面的把控，也从实践的角度细化到具体的实施过程中。

本案中，欢乐假日酒店在保证任晓晓每周至少休息一日的情况下，执行周二至周日上班，周一休息的上班制度，是符合法律规定的，然而酒店却在未支付加班费的情况下，仅根据其酒店经营特点及行业惯例，采取以封场期调休的方式折抵加班费的做法，是酒店利用用人单位的优势在间接突破劳动基准制基础上对劳动者休息权的侵犯。

《劳动法》第三十六条规定，国家实行劳动者每日工作时间不超过八小时、平均每周工作时间不超过四十四小时的工时制度，《关于修改国务院职工工作时间的规定》中又将每周工作时间的上限缩减至 40 小时，用人单位超过该法定工作时间，则属于延长工作时间，需支付加班费，《劳动法》第三十八条规定，用人单位应当保证劳动者每周至少休息一日。《劳动法》第四十一条、四十四条规定，对标准工时制而言，因生产经营需要经工会和劳动者协商后一般每天延长工作时间不得超过一小时，特殊原因每天延长工作时间不得超过三小时，每月延长时间不得超过三十六小时，安排劳动者延长工作时间的，支付不低于工资的百分之一百五十的工资报酬；休息日安排劳动者工作又不能安排补休的，支付不低于工资的百分之二百的工资报酬；法定节假日安排劳动者工作的，支付不低于工资百分之三百的工资报酬。

回归案例，欢乐假日酒店认可任晓晓全年周二至周日上班，周一休息，故任晓晓存在休息日及节假日上班的事实，根据双方提交的证据确定任晓晓最终补休的天数及加班天数。并且关于延长加班及法定节假日加班，法律并未规定可以通过安排补休来折抵，因此，欢乐假日酒店必须承担相应的法律责任，依法向任晓晓支付加班费。

知识拓展

用人单位通过在内部实行违反法律规定的工时制度的情况屡见不鲜，如前文提到的“996”工作制，即工作日早 9 点到晚 9 点、一周工作 6 天，且无任何相应补贴和加班费的制度。劳动者在职期间选择服从这种不合理的工作制度，是因为劳动争议案件中的当事人具有管理与被管理的关系，劳动者相较于用人单位属于从属地位，不敢拒绝。因此，许多用人单位在实施“996”

工作制等违反法律规定的工时制度时，既不与劳动者协商，也不订立变更劳动合同协议、集体劳动合同，不修改劳动规章制度，而是以口头通知或者直接将不合法的制度落地实施，侵害劳动者的休息权。

加班费是劳动者在法定时间之外提供额外劳动，用人单位支付的费用。如上所述，用人单位作为占优势的一方，通过直接或间接的方式来规避劳动基准制的方式也是纷繁复杂的。例如，关于劳动定额制度，由于各行各业各工种的生产方式各不相同，法律难以规定什么样的劳动定额才是合理的定额，故我国法律并未建立由政府主导的劳动定额。因此，劳动定额很大程度上由用人单位根据自己的生产经营特点和需要制定，这就造成许多企业为了追求经济效益而制定不合理的、不科学的、过高的定额局面，许多企业也凭借制定过高的劳动定额绕过了标准工时的用工限制，规避了加班时间和加班报酬，使劳动者延长工作时间。

普法提示

本文通过任晓晓与欢乐假日酒店劳动争议案件和延伸拓展的其他涉及用人单位侵犯劳动者休息权的案例，结合阐述解析保护劳动者休息权的具体法律规定，分析了现阶段用人单位侵犯职工休息权的情形。

实践中，鉴于劳动者因休息权被侵犯而主张损害赔偿的困难，笔者通过本文的研究，结合实践经验，将劳动争议案件中关于侵犯休息权而主张加班费的常见问题及解决意见总结如下，以供实践参考。

1. 关于加班费仲裁时效的问题

加班费属于劳动报酬的一部分，因此，处理加班费争议，与处理劳动报酬争议所适用的仲裁时效相同。《劳动争议调解仲裁法》第二十七条规定，劳动争议仲裁时效期间为一年，仲裁时效期间从当事人知道或者应当知道其权利被侵害之日起计算。而对于加班费争议的诉讼时效则不受前款规定的限制，在整个劳动关系存续期间都可以主张，但如果劳动关系终止的，应当自劳动关系终止之日起一年内提出。

2. 关于加班事实的认定问题

首先，对于值班和加班的判定在司法实践中是非常重要的。值班是指单位因安全、消防、假日等需要，临时安排或者根据制度安排与本职工作无关联的工作或者虽然与劳动者本职工作有关联，但值班期间可以休息的工作，一般为非生产性的责任。加班则指劳动者在平时工作时间外，继续从事自己的本职工作。故认定值班还是加班的关键标准是劳动者是否继续在原来的岗位上工作或是否有具体的生产经营任务。

其次，关于自愿性加班。自愿加班是指职工在没有得到用人单位任何通知，也没有在用人单位处留有任何加班记录的情况下自愿延长工作时间的行为。因此，如果职工未履行加班审批手续而自己加班，则不能被视为加班，用人单位在规章制度中规定劳动者加班需提前向公司提出书面加班申请，公司相关部门审批后方视为加班，故劳动者该种情况下就加班费发生争议提起仲裁，用人单位可以劳动者没有加班审批表为由拒绝支付加班费。而对于确因工作需要被迫加班的劳动者，笔者建议一定要加强自身法律意识，培养证据收集能力，了解所在单位加班考勤制度的规定，同时在日常的加班过程中，就加班内容、方式及其各种与之相关的证据予以留存，以便在权利受到侵害后寻求法律救济。

3. 关于加班费基数的计算问题

关于加班费基数的计算，司法实践中主要通过以下顺序：一是按照合同约定的劳动者本人工资标准确定；二是合同没有约定的，按照集体合同约定的加班费基数以及休假期工资标准确定；三是劳动合同与集体合同均未有约定的，按照劳动者本人正常劳动应得工资确定；四是劳动合同与集体合同均有约定的按照约定高的标准确定；五是按照前几项确定的加班费基数，不得低于所在区规定的最低工资标准确定。

工资是指具有劳动关系的劳动者付出正常劳动的情况下，用人单位以各种形式支付给劳动者的劳动报酬，故工资的分类名目很多，最常用的分类方式将工资分为标准工资和非标准工资。标准工资又称为基本工资，是指按规定的工资标准计算的工资，例如计时工资、计件工资等，非标准工资又称为辅助工资，是指标准工资以外的各种没有固定标准的工资，例如加班加点工资，奖金，业绩、浮动工资等。因司法实践过程中，加班费的计发基数一般是一个相对明确而固定的金额，故法官在判决中一般会通过上述原则作为加班费基数进行计算，但实践中劳动合同约定标准与实际发放工资的标准不一致的情况很常见，故劳动者需区分实际标准是对约定标准的变更，还是因奖励等因素偶然增发了数额。所谓实际标准是对约定标准的变更，是指合同中虽然约定了工资基数，但操作中实际改变了发放标准，这应视为双方达成了口头协议。因此，在加班费的主张中关于加班费的计算基数举证亦成为加班费主张的关键。

《工资支付暂行规定》第六条第三款规定，用人单位必须书面记录支付劳动者工资的数额、时间、领取者的姓名以及签字，并保存两年以上备查。用人单位在支付工资时应向劳动者提供一份其个人的工资清单。对此，在司法实践过程中，根据加班费举证责任的分配，因薪酬制度、工时休假制度、考勤制度、考勤记录、工资支付凭证及劳动者与用人单位关于工资的日常口头约定等都是此处据以计算加班费的重要依据，故劳动者自身需具备法律意识和证据意识，对据以计算加班费基数的相关证据具有留存备用的意识，以解决此处关于加班费计算基数的举证困境。

案例三

非全日制用工

——非全日制用工的认定及权利义务

李昂[①]

案情回顾

（一）劳动者要求认定为全日制用工并索赔

劳动关系中，除常见的全日制用工形式，还有一种较为特殊的用工形式——非全日制用工，它与全日制用工在工作时间、协议形式、终止补偿、社会保险、计发薪周期上差异明显。

王彩云原本是蝴蝶兰学校聘用的一名钢琴教师，负责给学员进行一对一的上课辅导，由于各学员的上课时间并不固定，所以王彩云的工作时间也不固定。王彩云来到蝴蝶兰学校工作时，双方没有签订过书面的劳动合同。每次上课后，王彩云将自己的课时数，以及是为哪名学员上的课都留有记录，之后蝴蝶兰学校根据王彩云记录的情况，以及每名学员的交费情况（每个学员的收费标准不同），综合计算王彩云的工资，并以现金的形式发放。

在王彩云工作期间，蝴蝶兰学校没有为王彩云缴纳社会保险，也没有为她交纳住房公积金，王彩云对此颇有微词。2017 年 6 月，蝴蝶兰学校出现拖欠王彩云工资的情况，王彩云非常不满，于 2017 年 6 月 21 日与蝴蝶兰学校解除劳动关系。2018 年 6 月 20 日，王彩云申请劳动仲裁，请求仲裁委确认双方的劳动关系，并要求蝴蝶兰学校支付拖欠的工资，以及解除劳动关系的经济补偿金。劳动仲裁委员会作出裁决，确认王彩云与蝴蝶兰学校存在非全日制用工关系，裁定蝴蝶兰学校支付王彩云 2017 年 6 月的工资，没有支持

---

① 北京市第二中级人民法院民五庭法官助理。

王彩云的其他仲裁请求。王彩云不服这份仲裁裁决，又向法院提起诉讼，并提出以下诉讼请求：1. 确认王彩云与蝴蝶兰学校 2014 年 9 月 18 日至 2017 年 6 月 21 日存在全日制用工关系；2. 蝴蝶兰学校为王彩云补缴 2014 年 9 月 18 日至 2017 年 6 月 21 日社会保险和住房公积金；3. 蝴蝶兰学校支付王彩云解除劳动关系的经济补偿金 20000 元。

（二）法院审理结果

经过审理，一审法院最终认为：用人单位与劳动者应当按照劳动合同的约定，全面履行各自的义务。当事人对自己提出的诉讼请求，应当提供证据加以证明。王彩云的工资计算方式是按照课时来计算，每个课时是 40 分钟，这是王彩云和蝴蝶兰学校一致认可的，没有争议，这部分体现了王彩云的计薪方式。而且蝴蝶兰学校在诉讼中提交了一份王彩云的课时统计表，王彩云也认可这份统计表。这份统计表显示，王彩云平均每天上课时长不超过 4 小时，每周的工作时间累计不超过 24 小时，这部分体现了王彩云的工作时间。那么结合王彩云的计薪方式和工作时间，双方的用工形式符合法律规定的非全日制用工形式，所以双方应该属于非全日制用工关系，王彩云要求法院确认双方是全日制用工关系，法院对此不予支持。

蝴蝶兰学校承认 2017 年 6 月的工资没发给王彩云，所以蝴蝶兰学校应当把这笔工资支付给王彩云。王彩云起诉要求蝴蝶兰学校为她补缴社会保险和住房公积金，但是因为王彩云与蝴蝶兰学校是非全日制用工关系，在这种用工形式下，蝴蝶兰学校不负有缴纳住房公积金的义务，而且补缴社会保险和住房公积金也不属于法院处理的事项，所以法院对王彩云这一诉讼请求也不予支持。基于双方的非全日制用工关系，王彩云要求解除劳动关系的经济补偿金没有依据，法院对此也不予支持。

据此，法院作出以下判决：1. 确认王彩云与蝴蝶兰学校 2014 年 9 月 18 日至 2017 年 6 月 21 日存在非全日制用工关系；2. 蝴蝶兰学校于判决生效后 15 日内支付王彩云 2017 年 6 月 1 日至 6 月 21 日工资 2400 元；3. 驳回王彩云其他诉讼请求。

法院宣判后，王彩云不服，提起了上诉，同时还增加了上诉请求，在一审诉讼请求的基础上，又要求蝴蝶兰学校向她支付由于未订立劳动合同的二倍工资的差额。二审法院在审理之后，认可了一审法院的观点，对王彩云要求蝴蝶兰学校支付工资之外的诉讼请求，均没有支持。而关于王彩云在上诉中新提出的二倍工资的差额，二审法院也没有支持，理由是，劳动争议诉讼中的各项请求，必须先经过劳动仲裁委员会进行处理，也就是劳动争议仲裁前置。由于王彩云在劳动仲裁时没有提出未签订书面劳动合同的二倍工资的差额的仲裁请求，因此二审法院对这一项上诉请求不予处理。由于蝴蝶兰学校在一审判决作出后就把拖欠的工资发给了王彩云，所以二审法院作出如下判决：1. 维持一审判决第一、三项；2. 变更一审判决第二项为蝴蝶兰学校支付王彩云 2017 年 6 月 1 日至 6 月 21 日工资 2400 元（已支付）。

（三）本案争议焦点及主要法律问题

本案是一起涉及非全日制用工的劳动争议案件。非全日制用工在劳动者的工作时长、计薪方式、保险福利以及劳动关系终止条件等方面，与全日制用工有很大不同。劳动者的工作时长也不固定，用人单位的管理相对宽松，同时计薪周期短，故双方很难形成较强的人身依附性，这种用工方式经常被称为“小时工”“零工”等。因此法律对这种用工关系中双方权利义务的规定，与人身依附性较强的全日制用工关系有很大的不同。本案中，王彩云主张的大部分诉讼请求能否得到支持，就取决于双方属于全日制用工还是非全日制用工。因此，双方的用工形式便是本案的争议焦点。

法理分析

（一）理论辨析：非全日制用工的特征

非全日制用工，是指以小时计酬为主，劳动者在同一用人单位一般平均每日工作时间不超过 4 小时，每周工作时间累计不超过 24 小时的用工形式。

正如它的名称——非全日制用工，它最典型的特征，就是工作时长与寻常劳动关系不同。关于一般的全日制用工的工作时长，《国务院关于职工工作时间的规定》规定，职工每日工作 8 小时、每周工作 40 小时，这也就是我们所说的八小时工作制，而对非全日制用工，《劳动合同法》规定了每天 4 小时、每周 24 小时，二者差别十分显著。如果劳动者的日工作时长或周工作时长超过了平均每日工作时间 4 小时，每周工作时间累计 24 小时，就不宜认定为非全日制用工。

非全日制用工的另一重要特征是以小时计酬为主，也就是说，劳动者的工资通常是以他的小时工资 × 工作时长来计算的，而不同于全日制用工以按月发固定工资的方式。

此外，非全日制用工还有其他特征，如发工资的周期一般不超过 15 天，劳动者可以兼职等。

值得注意的是，尽管非全日制用工有以上特征，但任一单独特征均不能够完全作为认定双方用工形式的硬性标准。在司法实践中，有案例在未能明确劳动者的具体工作时长的情况下，因劳动者的工作“不需要坐班和考勤，其上班时间灵活机动，无需全天工作。其在完成所在供电所的工作后，并不影响其从事农业生产或其他工作，完成单位考核，即可获取报酬”，而认定双方属于全日制用工关系。因此，认定双方属于何种用工方式，不能仅凭形式上的工作情况，还须结合工作性质、工作内容等情况一并判断。

（二）立法沿革：关于非全日制用工的法律规定

关于非全日制用工的法律法规并不多，除了一些对非全日制用工细化的地方性法规，层级最高的当数《劳动合同法》。但在《劳动合同法》之前，2003 年发布的《劳动和社会保障部关于非全日制用工若干问题的意见》已经率先对非全日制用工进行了规定。因为当时以小时工为主要形式的非全日制用工发展较快，这种形式有利于用人单位灵活用工，满足了大量劳动者自主择业的需要，发展成了当时促进就业的重要途径。之后《劳动合同法》的颁布，将这一用工形式正式写入法律，缩减了工作时长，细化了劳动双方的权利义务。

《劳动和社会保障部关于非全日制用工若干问题的意见》最主要的内容是第一条及第十二条。第一条规定：非全日制用工是指以小时计酬、劳动者在同一用人单位平均每日工作时间不超过5小时累计每周工作时间不超过30小时的用工形式。从事非全日制工作的劳动者，可以与一个或一个以上用人单位建立劳动关系。用人单位与非全日制劳动者建立劳动关系，应当订立劳动合同。劳动合同一般以书面形式订立。劳动合同期限在一个月以下的，经双方协商同意，可以订立口头劳动合同。但劳动者提出订立书面劳动合同的，应当以书面形式订立。这一条规定提出了“非全日制用工”的概念，并确立了以小时工资计薪的方式，允许非全日制用工劳动者兼职。第十二条规定：用人单位应当按照国家有关规定为建立劳动关系的非全日制劳动者缴纳工伤保险费。从事非全日制工作的劳动者发生工伤，依法享受工伤保险待遇；被鉴定为伤残5至10级的，经劳动者与用人单位协商一致，可以一次性结算伤残待遇及有关费用。这一条明确了非全日制用工的用人单位有为劳动者缴纳工伤保险的义务。此外，还有不得约定试用期等内容，为非全日制用工模式树立了初步的框架。

2008年实施的《劳动合同法》，进一步适应市场经济及非全日制用工制度的发展，对这种用工形式在许多方面进行了修改和增补。比如，对非全日制用工的工作时长进行了缩减，变成了现在所说的每天不超过4小时，每周不超过24小时。此外，还明确了非全日制用工的双方可以订立口头协议，不必须签订书面的劳动合同，任意一方可以随时终止合同；同时明确了工资的结算周期不超过15日等内容，将非全日制用工的特征以法律条文的形式加以确定，避免了用人单位利用非全日制用工的名义规避法定义务——非全日制用工有各种特征，不是招录劳动者时签订了《非全日制用工合同》的协议就认定为非全日制用工——从而划清了非全日制用工与全日制用工的界限，使得司法对判断用工形式有了较为清晰的标准。而且通过这些规定，可以看出非全日制用工的灵活性很强，劳动者与用人单位的人身依附性较弱，劳动者不用按时上下班，不用把所有的工作时间都放在一份工作上，而单位不用给劳动者缴纳全部五险一金，双方随时可以解除劳动关系，用人单位不用支付补偿金，不用花费太多的管理成本和培养成本，不用负担太多的义务和责任。

基于非全日制用工这些特性，一旦发生劳动争议，关于用人单位是否存在过错、需要支付多少费用的判断，都与全日制用工有极大的不同。所以对双方用工形式的实质性审查是非常重要的，一方面要避免用人单位借非全日制用工之名，行全日制用工之实；另一方面也要避免用人单位负担过重，与其用工的收益不相称。

综上，本案中，王彩云作为蝴蝶兰学校的钢琴教师，工作性质相对自由灵活，且证据显示她的日工作时长及周工作时长，均没有超出非全日制用工的限定，而且她的工资也是要根据上课的小时数来计算的，无论是从实质上还是形式上，都符合非全日制用工的目的和要求。因此，其主张的未签订书面劳动合同、单位支付解除补偿金等诉求，由于均不属于非全日制用工中用人单位的法定义务，自然无法得到法院的支持。

知识拓展

关于非全日制用工与全日制用工的区别，除了之前说到的工作时间与计酬方式外，主要有以下几点。

1. 非全日制用工可以订立口头协议。全日制用工中，双方应当签订书面劳动合同。如果用人单位不与劳动者签订书面劳动合同，要面临支付劳动者二倍工资的风险。而非全日制用工中则没有这样的风险。

2. 非全日制用工关系中，双方均可以随时终止。一般的全日制用工，对于劳动关系的解除与终止有着严格的限定。关于劳动合同的终止，必须要等到双方约定的劳动关系到期，而且用人单位在到期后，在劳动合同续签的问题上还负有一定的法律义务，如果未尽到相应的义务，有支付补偿金的风险；如果劳动合同没到期，单位一方想要解除劳动合同，需要区分合法解除与违法解除，而合法解除也要根据不同的情形来确定单位是否需要向劳动者支付补偿金。总而言之，在解除与终止劳动关系的问题上，判断单位是否需要向劳动者补偿的情形十分复杂。而非全日制用工中，双方可以随时终止劳动合同，由于不存在劳动合同期限，也不涉及合同解除的问题，并且用人单位不需要支付任何补偿和赔偿，弹性十足，非常灵活。

3. 非全日制用工不可以约定试用期。基于第 2 点，双方可以随时无条件无责任终止劳动关系，因此试用期的约定除了降低劳动者的待遇，对于单位来说并没有其他的保障意义，允许非全日制用工约定试用期，对劳动者来说是非常不公平的，故法律不允许非全日制用工的双方约定试用期。

4. 非全日制用工明确劳动者可以兼职。《劳动合同法》规定，从事非全日制用工的劳动者可以与一个或者一个以上用人单位订立劳动合同；但是，后订立的劳动合同不得影响先订立的劳动合同的履行。从这一条规定可以看出，我国的劳动部门法是鼓励劳动者利用非全日制用工的自由性来身兼数职的，只要能够合理安排时间，不影响“先来者”的利益，劳动者完全可以多打几份工。这对于教育培训、餐饮服务、邮递跑腿这一类工作来说，既可以最大限度地使劳动者充分利用时间创收，又可以保证这种人员流动性强的单位不用面临人手不足的窘境。

5. 用人单位仅需为劳动者缴纳工伤保险。目前法律关于非全日制用工关系中社会保险的规定，只有前文中《劳动和社会保障部关于非全日制用工若干问题的意见》第十二条规定，“用人单位应当按照国家有关规定为建立劳动关系的非全日制劳动者缴纳工伤保险费”，明确了用人单位必须为劳动者缴纳工伤保险。即便非全日制用工双方的羁绊较弱，但劳动者也是在为用人单位提供劳动，用人单位有义务保证劳动者在提供劳动时的基本人身安全。

但要注意的是，并不是说非全日制用工的劳动者仅可以享受工伤保险的社会福利。《社会保险法》第十条规定，职工应当参加基本养老保险……未在用人单位参加基本养老保险的非全日制从业人员以及其他灵活就业人员可以参加基本养老保险，由个人缴纳基本养老保险费。第十二条规定……未在用人单位参加基本养老保险的非全日制从业人员以及其他灵活就业人员参加基本养老保险的，应当按照国家规定缴纳基本养老保险费，分别记入基本养老保险统筹基金和个人账户。第二十三条规定，职工应当参加职工基本医疗保险……未在用人单位参加职工基本医疗保险的非全日制从业人员以及其他灵活就业人员可以参加职工基本医疗保险，由个人按照国家规定缴纳基本医疗保险费。通过这三条规定可以看出，法律并不强制非全日制用工单位为劳动者缴纳社会保险，非全日制用工劳动者如果没有单位参保，也可以参加基本养老保险或基本医疗保险，但是保险费要由个人负担。这种方式也是非全日制用工灵活性的体现，不会因为非全日制用工的劳动关系变动，而增加双方变更社会保险信息的成本，双方都免去了不少烦琐的社保手续，可谓轻装上阵，拎包开工。

总的来说，现行法律对于非全日制用工关系的限制极少，给予用人单位及劳动者极高的自由度，毕竟只是打打短工、零工，劳动关系双方对彼此的影响，不像相对长期固定的全日制用工那样大，所以不必给双方加上过多的限制，保证最基本的“劳动者有钱拿，用人单位正常经营”就可以了，最大程度上便捷这种用工方式和为人员灵活流动创造良好的环境。

普法提示

本文通过王彩云与蝴蝶兰学校劳动争议案件，以及阐述解析非全日制用工的相关法律规定，对非全日制用工的认定及权利义务作出简单的讲述，提醒劳动者在建立劳动关系时要认清双方的权利义务，抱有合理的预期，同时提醒用人单位在用工时注意避免不必要的支出。

劳动法属于社会法，一方面要尽可能地保障劳动者受到公平对待，另一方面也要保障市场经济主体的生存和进步，推动经济发展。因此，法律才会在全日制用工之外，对相对少但仍较为普遍的非全日制用工关系也进行规范，并且是根据非全日制用工的特殊性进行客观的、有益于经济发展的约束，而非生搬硬套全日制用工的规定，切实保障非全日制用工的相关规定具有现实性和可操作性。

但是要注意的是，法律的灵活规定不是为了给用人单位创造钻空子的机会，实务中有不少用人单位为了不承担相应的义务，与劳动者签订非全日制用工合同，实际上却以全日制用工的方式来管理劳动者。面对这样的情况，劳动者可以大胆维权，只要能从用工的实质及形式上拿出证据，证明其工作内容、工作方式与非全日制用工有着明显的区别，那么法律并不会拘泥于一纸合同的内容，而是综合可以证明的事实，还原双方真正的法律关系，给予劳动者应有的保障，做到司法的公平公正。

劳动者亦不应抱有利用单位法律意识不足而投机取巧赚得补偿的心态，法律给予劳动者权利，施加给用人单位义务，目的是为劳动者的劳动权利提供保障，而不是为劳动者提供捞偏财的手段。劳动者如果对于劳动关系中的某些方面比较在意，可以在入职时与单位友好协商，并将协商的结果以书面非全日制劳动合同的形式确定下来，即便双方是非全日制用工，只要约定的内容不违反法律规定，不破坏市场经济的运行，法律均予以尊重和保障。

总之，一个良好的经济环境需要完备的法律，更需要经济主体的诚实守信；一时的小聪明可能会获取短期利益，但破坏的却是社会的经济环境。作为经济主体、市场经济的组成部分，我们与经济大环境的好坏是休戚与共的。唯有认真遵守法律规定，秉持诚信和谐互惠共赢的理念，才能促进经济发展的良性循环，才能创造更好的经济大环境，保障我们自身长期良性的发展。

案例四

职工连续工作满 12 个月以上的，享受带薪年休假

——职工入职未满一年，离职时未休年休假工资如何认定

王丰伦[1] 刘盼盼[2]

案情回顾

（一）职工辞职主张未休年休假工资

休息休假是劳动者依法享有的基本权利，虽然我国在保障职工休息休假权方面已有相应的法律法规进行规制，但保障落实仍然存在一些困难。随着国家法律法规的日臻完善和劳动者维权意识的提高，在劳动争议案件审判中，涉及劳动者休息休假权的案件也日渐增多。

苑呦呦于 2018 年 1 月 31 日入职博雅公司，双方签订有效期 4 年的固定期限劳动合同，合同期限为 2018 年 1 月 31 日至 2022 年 1 月 30 日，苑呦呦担任会计岗位工作。双方劳动关系于 2018 年 10 月 17 日解除。苑呦呦向一审法院起诉请求：1. 博雅公司支付 2018 年未休年休假工资 4876 元；2. 博雅公司赔偿精神损失费 14140 元；3. 博雅公司赔偿经济补偿 7070 元。

苑呦呦主张在入职博雅公司之前已经连续工作满一年，博雅公司未安排休年休假，应当支付 2018 年未休年休假工资；博雅公司污蔑其旷工应赔偿精神损失费；因博雅公司拖欠工资提出离职，博雅公司应支付经济补偿。为证明上述主张，苑呦呦提交社会保险缴费记录、银行交易明细、解除劳动关系通知书、工资发放记录等证据材料。上述社会保险缴费记录显示，中恒公司为苑呦呦缴纳了 2013 年 9 月至 2014 年 9 月的社会保险，银达公司为苑呦呦缴纳了 2014 年 12 月至 2017 年 2 月的社会保险，远光公司为苑

---

① 北京市第二中级人民法院民五庭法官。

② 北京市大兴区人民法院法官助理。

呦呦缴纳了 2017 年 5 月至 2018 年 2 月的社会保险。博雅公司对上述社会保险缴费记录的真实性表示无法核实，对证明目的不认可，对银行交易明细及解除劳动关系通知书的真实性认可、证明目的不认可，对工资发放记录的真实性不认可。博雅公司主张苑呦呦在其公司工作不满一年，苑呦呦每天工作 7.5 小时，等于每天休假 0.5 小时，其已经休过年休假，不同意支付未休年休假工资。苑呦呦因个人原因离职，苑呦呦要求赔偿精神损失费及经济补偿未经仲裁前置程序，并提交申请书、离职申请、辞职事项说明、关于财务会计离职交接人员事项、考勤汇总表、电子银行回单、劳动合同、考勤管理制度等证据材料予以证明。苑呦呦对上述申请书的真实性认可，对离职申请、辞职事项说明、关于财务会计离职交接人员事项的真实性认可、证明目的不认可，对考勤汇总表的真实性认可，对电子银行回单的真实性认可、证明目的不认可，对劳动合同的真实性认可，对考勤管理制度的真实性认可、证明目的不认可。

2018 年 11 月 26 日，苑呦呦申请劳动仲裁，请求裁决博雅公司：1. 支付自 2018 年 9 月 1 日至 30 日期间的工资差额 870 元；2. 支付自 2018 年 10 月 1 日至 17 日期间工资 3424 元；3. 支付 2018 年度未休带薪年休假工资 4876 元。劳动仲裁委员会于 2019 年 1 月 4 日裁决：1. 博雅公司支付苑呦呦 2018 年 9 月 1 日至 30 日期间工资差额 870 元；2. 博雅公司支付苑呦呦自 2018 年 10 月 1 日至 17 日期间工资 3424 元；3. 驳回苑呦呦的其他仲裁请求。苑呦呦不服仲裁裁决，起诉至法院。

（二）法院审理结果

经过审理，一审法院认为当事人对自己提出的诉讼请求所依据的事实或者反驳对方诉讼请求所依据的事实有责任提供证据加以证明。没有证据或者证据不足以证明当事人的事实主张的，由负有举证责任的当事人承担不利后果。博雅公司虽对社会保险缴费记录的真实性表示无法核实，但未能提供证据予以反驳，应承担举证不能的不利后果，法院对苑呦呦关于其入职博雅公司之前已经连续工作满一年的主张予以采信。依据《职工带薪年休假条例》

第三条规定："职工累计工作已满1年不满10年的，年休假5天；已满10年不满20年的，年休假10天；已满20年的，年休假15天。"《企业职工带薪年休假实施办法》第三条"职工连续工作满12个月以上的，享受带薪年休假"的规定，苑呦呦2018年度应享受年休假。博雅公司关于苑呦呦已休年休假的主张缺乏依据，法院不予采信。博雅公司应当支付苑呦呦2018年度未休年休假工资1543.29元。苑呦呦要求博雅公司支付其精神损失费及经济补偿的诉讼请求未经仲裁前置程序，法院对此不予处理。仲裁裁决博雅公司支付苑呦呦2018年9月1日至30日期间工资差额870元、2018年10月1日至17日期间工资3424元，博雅公司与苑呦呦均同意该裁决结果，法院对此予以确认。据此，一审法院判决：一、博雅公司支付苑呦呦2018年度未休年休假工资1543.29元；二、博雅公司支付苑呦呦2018年9月1日至2018年9月30日期间工资差额870元；三、博雅公司支付苑呦呦2018年10月1日至2018年10月17日期间工资3424元；四、驳回苑呦呦的其他诉讼请求。

一审判决作出后，博雅公司不服，提起上诉，请求撤销一审判决第一项，改判无需支付苑呦呦2018年度未休年休假工资1543.29元，同意一审判决第二、三项。事实和理由：苑呦呦在其公司工作不满一年，个人提出离职，苑呦呦每天工作7.5小时，等于每天休假0.5小时，已经休过年休假，故其不应享受年休假。

二审法院经审理认为，职工连续工作满12个月以上的，享受带薪年休假。职工累计工作已满1年不满10年的，年休假5天。苑呦呦提交的社会保险缴费记录显示，其入职博雅公司之前已经连续工作满一年，故苑呦呦于2018年1月31日至10月17日期间在博雅公司工作，应享受3天年休假。博雅公司关于苑呦呦在其公司工作不满一年，个人提出离职，苑呦呦每天工作7.5小时，已经休过年休假的主张，于法无据。故一审法院判决博雅公司支付苑呦呦2018年度未休年休假工资1543.29元，正确。据此判决：驳回上诉，维持原判。

（三）本案争议焦点及主要法律问题

本案系一起涉及职工入职未满一年，离职时未休年休假工资如何认定的劳动争议案件。本案中苑呦呦于2018年1月31日入职博雅公司，双方劳动关系于2018年10月17日解除，苑呦呦在博雅公司工作期间未满一年，但据其提交的社会保险缴费记录显示，其在2013年9月至2014年9月、2014年12月至2017年2月、2017年5月至2018年2月的社会保险均由不同用人单位缴纳，可以证明其在入职博雅公司之前已符合连续工作一年以上的条件。博雅公司则以苑呦呦在其公司工作未满一年，且每天工作7.5小时、休息0.5小时，不应再享受年休假为由进行抗辩。故本案争议焦点为劳动者在入职新公司之前已连续工作一年以上，但在该公司工作未满一年，是否享受带薪年休假。

法理分析

（一）立法沿革：我国带薪年休假的法律规定

实行职工带薪年休假制度，是世界各国劳动制度的普遍做法。休息权是我国宪法规定的公民权利，劳动者应当平等享有。早在1991年6月中共中央、国务院下发的《卫生部关于职工休假问题的通知》中就规定了各级党政机关、人民团体和企事业单位，在确保完成工作、生产任务，不另增加编制和定员的前提下，可以安排职工的年休假，职工年休假的天数要根据各类人员的资历、岗位等不同情况有所区别，最多不得超过两周。1995年1月1日起施行的《劳动法》第四十五条也规定，国家实行带薪年休假制度。劳动者连续工作一年以上的，享受带薪年休假。具体办法由国务院规定。2005年4月发布的《公务员法》亦对职工休假事项作了原则规定，职工的休息权得到一定程度的保障。

但是彼时实行年休假制度的仅是机关、事业单位和一部分团体、企业，有相当一部分企业、团体以及有雇工的个体工商户没有实行年休假。另外，在已经实行年休假制度的单位，由于工作繁忙等诸多原因，许多职工实际上多年享受不到年休假待遇；职工因单位工作需要未能享受年休假的，也没有得到相应的经济补偿。直到 2007 年 12 月 7 日，国务院通过《职工带薪年休假条例》，才对年休假制度作了明确规定。人力资源和社会保障部于 2008 年 7 月 17 日通过《企业职工带薪年休假实施办法》，对《职工带薪年休假条例》中的相关规定又做了进一步的补充，形成了我国现行年休假制度的主要依据。

（二）理论辨析：带薪年休假的特征

带薪年休假是指给职工一年一次的假期。主体方面，根据《职工带薪年休假条例》第二条的规定，为机关、团体、企业、事业单位、民办非企业单位、有雇工的个体工商户等单位的职工。《企业职工带薪年休假实施办法》第二条进一步明确为中华人民共和国境内的企业、民办非企业单位、有雇工的个体工商户等单位和与其建立劳动关系的职工。即可享受带薪年休假的职工限于与单位建立劳动关系的人员，退休返聘人员、实习生属于民事雇佣（劳务关系），不属于年休假的对象。另外，实践中对非全日制劳动关系也可以不给予带薪年休假。

带薪年休假的适用条件及待遇方面，根据《职工带薪年休假条例》第二条的规定，职工连续工作一年以上的，享受带薪年休假。单位应当保证职工享受年休假。职工在年休假期间享受与正常工作期间相同的工资收入。《企业职工带薪年休假实施办法》第三条规定，职工连续工作满 12 个月以上的，享受带薪年休假。第四条规定，年休假天数根据职工累计工作时间确定。职工在同一或者不同用人单位工作期间，以及依照法律、行政法规或者国务院规定视同工作期间，应当计为累计工作时间。第五条规定，职工新进用人单位且符合本办法第三条规定的，当年度年休假天数，按照在本单位剩余日历天数折算确定，折算后不足 1 整天的部分不享受年休假。人力资源和社会保障部办公厅《关于企业职工带薪年休假实施办法有关问题的复函》对带薪年休假的享受条件做了答复，《企业职工带薪年休假实施办法》第三条中的“职工连续工作满 12 个月以上”，既包括职工在同一用人单位连续工作满 12 个月以上的情形，也包括职工在不同用人单位连续工作满 12 个月以上的情形。即职工在符合参加工作后曾经“连续工作满 12 个月”条件后，此后年休假时间以当年度在用人单位已工作时间计算。用人单位未安排职工休满应休年休假的，应当按照职工当年已工作时间折算应休未休年休假天数并支付未休年休假工资报酬，但折算后不足 1 整天的部分不支付未休年休假工资报酬。

本案中，苑呦呦在入职博雅公司时，已经满足连续工作 12 个月的条件。博雅公司在苑呦呦在职期间未安排其休年休假，应当支付未休年休假工资。博雅公司以苑呦呦在其公司工作未满 1 年，且苑呦呦每天工作 7.5 小时，等于每天休假 0.5 小时，已经休过年休假为由抗辩，不同意支付苑呦呦未休年休假工资，体现出博雅公司作为用人单位规避责任的行为且法律意识淡薄，从而引出本文重点探析的《职工带薪年休假条例》及《企业职工带薪年休假实施办法》。

知识拓展

从上文论述我们已知哪些人在符合什么条件时可以享有带薪年休假，那么接下来需要探讨的问题就是：1. 职工年休假天数如何计算；2. 何种情况下职工不享受年休假；3. 职工应休而未休年休假的工资待遇如何认定。

首先，关于年休假天数。《职工带薪年休假条例》第三条规定，职工累计工作已满 1 年不满 10 年的，年休假 5 天；已满 10 年不满 20 年的，年休假 10 天；已满 20 年的，年休假 15 天。国家法定休假日、休息日不计入年休假的假期。《企业职工带薪年休假实施办法》第五条规定，职工新进用人单位且符合本办法第三条规定的[①]，当年度年休假天数，按照在本单位剩余日历天数折算确定，折算后不足 1 整天的部分不享受年休假。前款规定的折算方法为：（当年度在本单位剩余日历天数 ÷365 天）× 职工本人全年应当享受的

① 《企业职工带薪年休假实施办法》第三条：职工连续工作满 12 个月以上的，享受带薪年休假。

年休假天数。具体到本案，苑呦呦在入职博雅公司时已连续工作 12 个月以上，但累计工作不满 10 年，全年应当享受年休假天数为 5 天，苑呦呦 2018 年度在博雅公司工作时间为 2018 年 1 月 31 日至 10 月 17 日，按照上述公式折算后，苑呦呦 2018 年度在博雅公司应享受的年休假天数为 3 天。另外，需要注意的是，国家法定节假日不计入年休假假期中。

其次，关于哪些情况下职工不再享受年休假。《职工带薪年休假条例》第四条做了规定，即职工有下列情形之一的，不享受当年的年休假：（1）职工依法享受寒暑假，其休假天数多于年休假天数的；（2）职工请事假累计 20 天以上且单位按照规定不扣工资的；（3）累计工作满 1 年不满 10 年的职工，请病假累计 2 个月以上的；（4）累计工作满 10 年不满 20 年的职工，请病假累计 3 个月以上的；（5）累计工作满 20 年以上的职工，请病假累计 4 个月以上的。《企业职工带薪年休假实施办法》第六条规定，职工依法享受的探亲假、婚丧假、产假等国家规定的假期以及因工伤停工留薪期间不计入年休假假期。第八条规定，职工已享受当年的年休假，年度内又出现条例第四条第二项、第三项、第四项、第五项规定情形之一的，不享受下一年度的年休假。上述规定对职工不享受年休假的情形作了明确限定，而本案中，博雅公司提出的苑呦呦每天工作 7.5 小时，等于每天休假 0.5 小时，已经休过年休假的主张并不符合上述情形，故该公司上述主张法院并未采信。在其他案件中，也有用人单位会以劳动者请事假、病假为由不安排劳动者休年休假，这时则需要结合劳动者所休病、事假是否达到上述规定中的天数以及用人单位是否有明确的规章制度及考勤来综合判断。特别提醒，用人单位不可将劳动者正常的探亲假、婚丧假、产假等计算在年休假中。

最后，关于职工应休而未休年休假的待遇。《职工带薪年休假条例》第五条规定，单位根据生产、工作的具体情况，并考虑职工本人意愿，统筹安排职工年休假。年休假在一个年度内可以集中安排，也可以分段安排，一般不跨年度安排。单位因生产、工作特点确有必要跨年度安排职工年休假的，可以跨一个年度安排。单位确因工作需要不能安排职工休年休假的，经职工本人同意，可以不安排职工休年休假。对职工应休未休的年休假天数，单位应当按照该职工日工资收入的300%支付年休假工资报酬。《企业职工带薪年休假实施办法》第十条规定，用人单位经职工同意不安排年休假或者安排职工年休假天数少于应休年休假天数，应当在本年度内对职工应休未休年休假天数，按照其日工资收入的300%支付未休年休假工资报酬，其中包含用人单位支付职工正常工作期间的工资收入。用人单位安排职工休年休假，但是职工因本人原因且书面提出不休年休假的，用人单位可以只支付其正常工作期间的工资收入。第十一条规定，计算未休年休假工资报酬的日工资收入按照职工本人的月工资除以月计薪天数（21.75天）进行折算。前款所称月工资是指职工在用人单位支付其未休年休假工资报酬前12个月剔除加班工资后的月平均工资。在本用人单位工作时间不满12个月的，按实际月份计算月平均工资。职工在年休假期间享受与正常工作期间相同的工资收入。实行计件工资、提成工资或者其他绩效工资制的职工，日工资收入的计发办法按照本条第一款、第二款的规定执行。第十二条规定，用人单位与职工解除或者终止劳动合同时，当年度未安排职工休满应休年休假的，应当按照职工当年已工作时间折算应休未休年休假天数并支付未休年休假工资报酬，但折算后不足一整天的部分不支付未休年休假工资报酬。前款规定的折算方法为：（当年度在本单位已过日历天数 ÷365天）×职工本人全年应当享受的年休假天数－当年度已安排年休假天数。用人单位当年已安排职工年休假的，多于折算应休年休假的天数不再扣回。由上可见，安排劳动者休年休假是用人单位应当履行的法定义务，除劳动者本人明确自愿放弃外，用人单位均应合理安排劳动者休年休假，确因工作等原因无法安排的，应依法支付劳动者未休年休假工资。具体到本案，博雅公司在苑呦呦在职期间未安排其休年休假，苑呦呦与博雅公司在解除劳动合同时，有权依法主张未休年休假的工资报酬。

综上，知悉带薪年休假制度的适用主体、适用条件及未休年休假的工资报酬等法律规定，对用人单位合理安排职工休假，避免不必要的损失，以及劳动者休假权被侵害时合法维权都具有重要意义。

普法提示

本文通过苑呦呦与博雅公司劳动争议案件，阐述解析《职工带薪年休假条例》和《企业职工带薪年休假实施办法》的具体法律规定，提醒用人单位与劳动者依规依法落实带薪年休假制度。

在司法实践中，劳动者相对于用人单位来说处于弱势地位，《职工带薪年休假条例》规定了对用人单位的监督措施，如该条例第六条规定，县级以上地方人民政府人事部门、劳动保障部门应当依据职权对单位执行本条例的情况主动进行监督检查。工会组织依法维护职工的年休假权利。第七条规定，单位不安排职工休年休假又不依照本条例规定给予年休假工资报酬的，由县级以上地方人民政府人事部门或者劳动保障部门依据职权责令限期改正；对逾期不改正的，除责令该单位支付年休假工资报酬外，单位还应当按照年休假工资报酬的数额向职工加付赔偿金；对拒不支付年休假工资报酬、赔偿金的，属于公务员和参照公务员法管理的人员所在单位的，对直接负责的主管人员以及其他直接责任人员依法给予处分；属于其他单位的，由劳动保障部门、人事部门或者职工申请人民法院强制执行。

但是，实践中年休假制度在许多用人单位特别是小微企业仍难以落实，因用人单位未安排劳动者休年休假、未支付劳动者未休年休假工资引发的案件仍屡见不鲜。当劳动者与用人单位因年休假发生争议时，劳动者可依据上述两条规定进行维权，或者直接通过申请劳动仲裁来主张权利。

案例五

劳动合同的变更

——用人单位调岗行为的合法性审查

卜晓飞[①]

案情回顾

（一）国企员工拒绝调岗被解除劳动合同

梁山山毕业后通过一家劳务公司以派遣员工的身份进入某国有银行担任网点柜员。因梁山山在工作中表现优异，该国有银行于 2014 年 4 月 1 日直接与梁山山签订了 3 年期的劳动合同，自此梁山山成为该国有银行的正式员工。此后，双方又将劳动合同期限续签到了 2019 年 3 月 31 日。双方在这两次签订劳动合同时均约定，梁山山的工作岗位是位于北城区的 A 银行网点。

2018 年 5 月 7 日，双方的劳动关系仍然处于劳动合同有效期内，但国有银行为了执行上级监管机关的要求，出台了一份内部文件《关于开展网点员工轮岗工作的通知》。这份通知规定，对于在同一机构且聘任为柜员岗位 5 年（含）以上的员工，应当进行分批次的机构调整。通知文件中所列明的人员调整范围里有梁山山的名字。文件发出当天，单位告知梁山山将被调整到北城区的 B 银行网点工作，具体岗位仍然是担任银行柜员，但梁山山没有按通知规定的时间报到，而是向单位提交了《关于就近轮岗的申请》，他希望能在原来工作的 A 银行网点周围就近安排工作。

国有银行出于工作安排的需要，没有同意梁山山的申请，于 2018 年 5 月 29 日向梁山山发出了书面调动的通知书，要求梁山山正式调入 B 网点工作，如果逾期不报到将按旷工处理。收到书面通知的梁山山拒绝了单位的要

① 北京市第二中级人民法院民五庭法官。

求，他提交书面意见明确表示不同意去 B 网点工作。梁山山的理由很简单，他认为这次机构轮岗是对工作地点的变更，而变更后的工作地与原来书面劳动合同所约定的工作地 A 网点不符，轮岗行为属于国有银行单方面变更劳动合同，他有权予以拒绝。不过，梁山山表示，如果变更工作地，他可以去 A 网点附近的 A+ 网点工作。

因为梁山山拒绝第一次调岗，经过前两次交涉，国有银行于 2018 年 6 月 13 日将调整后的工作地变更至离梁山山居住地稍微近一些的 C 网点，并再次发出书面通知书，告知梁山山新的办公地为 C 网点。接到通知后，梁山山仍然没有按要求到岗。梁山山认为，法律已经规定变更书面劳动合同需要经过双方的协商一致，只要没有经过他的同意，单位无权变更原有的劳动合同。另外梁山山还提出了一个不愿调岗的理由，就是他曾经因工负伤导致腰椎间盘膨出，需要步行上下班，国有银行调整的新工作地路途远不能满足他步行出勤的要求。对于梁山山提出的拒绝调岗理由，国有银行并未接受。2018 年 9 月 28 日，单位第三次向梁山山发出书面轮岗通知，要求他于 2018 年 10 月 8 日到新岗位上班，并且明确提示，如果逾期不报到将按照旷工处理直至解除劳动合同。即便如此，梁山山依然认为他的身体状况特殊，并且书面合同已经明确了工作地在 A 网点，所以梁山山认为他有权不同意单位作出的调岗安排。

最终，国有银行于 2018 年 10 月 19 日以旷工为由，依据《劳动合同法》第三十九条第二项规定向梁山山发出《解除劳动合同通知书》。梁山山认为国有银行的解除行为违法，提出劳动争议仲裁申请，要求单位向他支付赔偿金以及欠发的工资与加班工资。因不满仲裁结果，梁山山向法院提起诉讼，主张单位应支付违法解除劳动合同的赔偿金 514833.3 元，以及欠发的工资 235608.08 元。国有银行抗辩认为，虽然劳动合同约定了梁山山的工作地在 A 网点，但劳动合同中还有一则条款明确约定，单位有权在合同期限内根据法律法规和行业监管的要求调整梁山山的工作岗位，梁山山应予服从，对梁山山拒绝到岗的旷工行为单位有权解除劳动合同，无须支付赔偿金。

（二）法院审理结果

一审法院经审理认为，国有银行依据上级规定，对柜台人员进行交流调整，是为了防范工作风险，梁山山在 A 网点柜台岗位工作已满 5 年，属于文件规定的应受调整范围。国有银行对梁山山的岗位调整均在同一城市的北城区范围内，并未超出劳动合同中约定的工作城市，且也考虑到梁山山的身体状态及其本人意愿，最终安排在 C 网点工作，以上安排并未给梁山山带来明显不便，工作岗位和工资待遇也未作调整，故国有银行的调岗行为合理合法，国有银行对梁山山拒绝调岗的行为按旷工处理予以解除劳动合同属于合法解除，对梁山山要求的违法解除劳动合同赔偿金应予驳回。

一审法院作出判决：1. 国有银行支付梁山山延时加班工资 9535.9 元；2. 国有银行支付梁山山法定节假日加班工资 11640.82 元；3. 驳回梁山山的其他诉讼请求。梁山山对一审判决结果不服提出上诉，二审法院经过审理认为，国有银行对梁山山的调岗行为没有侵犯其合法权益，梁山山主张巨额赔偿金缺乏法律依据，并最终维持一审法院判决。

（三）本案争议焦点及主要法律问题

本案的主要争议焦点为国有银行在劳动合同中明确约定了工作地为 A 网点的情形下，是否有权根据监管要求和经营需要对梁山山的工作岗位作出相应调整？围绕这个争议焦点，主要涉及以下法律问题：1. 根据《劳动合同法》第三十五条规定，作为劳动合同一方当事人的梁山山如果不同意变更合同，作为另一方当事人的国有银行是否无法调整原有的合同条款；2. 双方在劳动合同中约定，国有银行有权调整梁山山的工作岗位，该项约定是否与法律规定的应当协商一致变更相抵触。

法理分析

通常情形下，已经签订并成立生效的劳动合同，合同的任何一方当事人都不能擅自变更，但法律赋予了用人单位有经营自主权和用工自主的权利。如果用人单位合理合法地行使上述权利，则可以对其员工进行适当的调整安排，正因如此，法院并没有认定国有银行的调岗行为构成违法。

（一）立法沿革：法律对于用工自主权的相关规定

《劳动法》第四条和第四十七条，明确了企业有自主制定规章制度进行经营管理的权利，以及根据自身生产特点和经济效益对人事薪酬制度作出自行决定的权利。《劳动合同法》第四条在对相关民主程序作出规定的同时，也是对用工自主权作出的再次确认。《就业促进法》第八条第一款规定，用人单位依法享有自主用人的权利。现行立法环境下，法律法规多倾向于保护相对弱势一方的劳动者利益，而对用人单位的很多权利都作出了限制性规定，但只有兼顾保护用人单位的合法权益，才能促进企业的合法发展，才能最终保障劳动者的利益。《就业促进法》明文确认了用人单位的自主用工权，就是为了促进就业，促进经济发展和扩大就业之间的关系。《最高人民法院关于审理劳动争议案件适用法律问题的解释（一）》第五十条规定，用人单位通过民主程序制定的规章制度，不违反国家法律、行政法规及政策规定，并已向劳动者公示的，可以作为确定双方权利义务的依据。上述不同时期制定的法律条文及司法解释的相关规定，共同构成了司法实践中用人单位依法享有的经营自主权以及用工自主权的依据。

（二）理论辨析：本案中国有银行单方变更劳动合同的合法性解析

虽然国有银行与梁山山在劳动合同中明确约定了工作地在北城区的 A 银行网点，但国有银行对符合条件的员工进行轮岗安排，是为了执行监管机构的工作要求。对在同一银行网点长期工作的柜员进行轮岗调整，可以有效消除银行柜台在业务操作环节可能出现重大案件的条件和隐患，该项工作是银行业金融机构从行业特性出发，为避免发生巨额经济损失所作出的必要监管措施。无论梁山山是作为劳务派遣员工，还是国有银行的正式员工，其在 A 银行网点工作的年限已经超出了 5 年，所以本案中国有银行对梁山山进行的岗位轮换调整，并不是仅仅针对梁山山个人所作的特殊安排，而是具有充分的合理性和正当性的行为。此外，当事人签订的书面劳动合同是双方的真实意思表示，双方在依法行使劳动合同中的权利时，应当履行自身应尽的义务。本案中，双方签订的劳动合同条款已经明确约定了国有银行有权在合同期限内根据法律法规和行业监管的要求调整梁山山的工作岗位，并且国有银行对梁山山作出的轮岗调整，没有变更梁山山的岗位性质，也没有降低梁山山的薪酬标准，先后两次安排的营业网点也都在城区的合理范围之内。上述调整行为，明显没有超出用人单位依法行使自主用工权的合理范畴，也不违反国有银行与梁山山签订的书面劳动合同约定，所以梁山山应当服从。因身体原因造成的出勤不便，梁山山可以通过病休调养身体，其在给单位的书面意见中，坚持要求将新的工作地点安排至 A 网点附近，或者安排在可以满足步行上下班的地方，这些请求并没有法律依据，无法得到法院的支持。梁山山无视用人单位作出的正常的经营管理安排，多次拒绝按时到岗上班，长期处于缺勤状态，已经构成了严重的旷工行为，据此，国有银行解除双方的劳动合同是合法行为，无须向梁山山支付赔偿金。

知识拓展

（一）用人单位满足法律要求可以单方调岗

书面劳动合同是确定用人单位和劳动者之间各项权利义务的重要依据。书面合同的各项条款对于签订合同的双方当事人来讲，均具有法律约束力，这种强制性的法律约束力就体现在未经协商一致，任何一方不得随意变更原有合同，但劳动关系在实际的履行过程中，会不可避免地遇到各种各样的情况，而用人单位也并非永远不能单方变更劳动合同，为了确保相对弱势一方的劳动者利益不受侵犯，法律规定只有在一定情况下允许用人单位单方变更劳动合同。

（二）用人单位的法定单方调岗权

《劳动法》第二十六条、《劳动合同法》第四十条，规定了用人单位对于劳动合同的两种法定变更情形：1. 劳动者患病或者非因工负伤，在规定的医疗期满后不能从事原工作的，用人单位可以对劳动者另行安排工作；2. 劳动者不能胜任工作，用人单位可以对劳动者进行培训或者调整工作岗位。

用人单位对书面劳动合同约定的原有工作岗位进行单方调整，很有可能会对劳动者的劳动报酬、工作时间、劳动纪律等直接涉及劳动者切身利益的重大事项产生变化，所以劳动合同如果明确约定了工作岗位并且没有约定如何调岗的，用人单位在不符合前述法律规定的情形下，自行调整劳动者的工作岗位，就属于违约行为，如果违法调岗给劳动者造成了损失，用人单位应当予以赔偿。此时，劳动者可以主张调岗前后的工资差额、恢复原有的工作岗位，如果用人单位是依据对劳动者违法调岗后的“旷工”行为解除劳动合同的，劳动者还可以主张违法解除劳动关系的赔偿金。上述案件中，国有银行对于梁山山作出的单方调岗行为并非依据法律条文中的单方调岗权，假如国有银行的单方调岗行为超出了其用工自主权的合理范围，梁山山所主张的违法解除劳动合同赔偿金就有可能得到法院的支持。

（三）用人单位依据用工自主权的单方调岗

劳动者与用人单位签订劳动合同时，同样适用意思自治的法律原则。经过双方平等自愿、充分协商订立的劳动合同，对于双方均具有约束力，用人单位和劳动者都应当履行劳动合同约定的义务，劳动合同的当事人可以在合同的条款中提前对调整工作岗位的事项予以约定。用人单位依据用工自主权合法的单方调岗行为，主要体现在以下两种情形。第一，双方在劳动合同中已经明确约定了可以根据生产经营的需要，调整劳动者的工作岗位。在此情形下，如果用人单位能够证明生产经营状况已经发生了合理变化，并且对劳动者作出的调岗安排属于合理的范畴，则此项调岗行为就属于是用人单位在合法行使用工自主权。第二，用人单位与劳动者在劳动合同中没有约定明确的工作岗位和调整事项，用人单位也可以依据正当的理由，根据生产经营的需要，合理地调整劳动者的工作岗位。此时，用人单位应当对单方调整行为的正当性以及合理性承担举证证明责任。通常判断用人单位的调整行为是否具有合理性，可以从以下因素进行参考：1. 用人单位对于调整行为在其经营过程中的必要性；2. 对于调岗的目的是否具有正当性；3. 调整后的岗位是否属于强人所难，是否能为劳动者所胜任；4. 调整前后的工资待遇等劳动条件是否发生了对于劳动者的明显不利变化。经过对上述各项因素的参考和评判，本文所举案例当中，国有银行对于梁山山作出的轮岗安排调整，均未有任何过当之处，故仲裁委员会以及一审、二审法院均没有支持梁山山关于用人单位违法解除劳动合同行为的赔偿主张。

普法提示

用人单位与劳动者对于是否能够调整原有工作岗位产生劳动争议的，应当首先依据双方签订的书面劳动合同予以判定，双方对此有约定的，在约定条款不违反法律和行政法规强制性规定的情形下，应当依照约定的调整事项，进行权利的行使和义务的履行。对于双方当事人没有事先就工作岗位的调整进行约定或者约定不明确的，双方应当遵循平等自愿、诚实信用的原则取得协商一致。因为变更劳动合同或者工作岗位毕竟会对员工的切身利益造成重大影响，用人单位首先应当依照《劳动合同法》第三十五条的规定，与员工进行协商后再以书面的形式进行确认。如果协商难以取得一致意见，则用人单位一方也应当合理地行使用工自主权，对于法律认可的用工自主权，企业不得滥用，行使该项权利的过程中应当受到必要性、正当性等原则的限制。以本文所举案例，调整岗位就是确因生产经营需要和行业监管引起，而不只是针对某个特定员工进行的刻意干涉，否则就有利用行使用工自主权之机实施侵害员工合法权益的嫌疑。

在对类似案件的处理中，对于企业自主经营权所施加的各项限制，应当予以适度的放松。在司法实践中，常常因为各种因素的影响而对企业从严对待，对员工予以重点保护，但在对员工的利益给予重点关注的同时，更应当兼顾到企业的合法权益。因为企业的健康长远发展，正是劳动者得以提供劳动和赖以工作的前提，应当追求双方地位的平等和利益的平衡，而不是以牺牲企业的利益来追求员工的利益。否则劳动法的调整就会矫枉过正，重点保护也失去了平等、公平的正义基础。此外，如果对用人单位合法自主经营权的行使要求过于严苛，客观上也会加大劳动争议发生的风险和双方解决争议的诉讼成本。

首先，对于劳动者而言，其处于劳动关系中相对弱势的一方，应当熟悉劳动合同中有关工作岗位、薪酬标准、福利待遇、劳动纪律等重要条款的约定内容，知悉自己在劳动合同中已经明确约定的相关权利。其次，在面对用人单位提出的单方变更劳动合同的行为时，应当注重审视对方是否已经具备了调整合同约定事项的法定权利，如果用人单位的变更合同行为并没有对自身的劳动条件或是收入报酬等基本的劳动关系事项造成重大的不利影响，应当以积极的态度与用人单位进行充分的协商和沟通。

第三章

劳动合同的解除和终止

案例一

协商解除劳动合同

——协商解除劳动合同协议的效力认定

管元梓①

案情回顾

劳动合同的解除包括协商解除、劳动者单方解除、用人单位单方解除等多种情形，而协商解除是用人单位与劳动者在履行劳动合同过程中经常会遇到的情况。协商解除，顾名思义，乃用人单位与劳动者经过协商而解除劳动合同。经协商一致解除劳动合同，双方往往会针对工资、奖金、加班工资、解除劳动合同经济补偿金或赔偿金等的给付达成相应协议。刘飞于2004年4月入职中朗技术公司，担任副总裁。2017年8月31日，双方签订《解除劳动合同协议书》，约定："甲方：中朗技术公司，乙方：刘飞……甲乙双方本着平等、自愿的原则，就解除劳动合同事宜，经协商一致，达成如下协议：1. 双方确认于2017年8月31日解除劳动合同……3. 经双方协商一致，甲方支付乙方补偿金税前人民币30万元整。该补偿金包含但不限于解除劳动合同的代通知金、经济补偿金、赔偿金及可能的加班工资、年假……4. 该补偿金支付条件为：乙方在职期间负责的《天空有限公司信息化集成项目施工合同》《彩云有限公司信息化集成项目施工合同》全额收回应收账款或有明确的还款计划或协议。其中，天空有限公司项目需有原协议各方的项目结算报告或验收报告，致使本协议甲方不承担后续工程量及任何违约成本，彩云有限公司需按还款计划收到首期应收款。甲方承诺上述条件达成后的一个月内支付离职补偿金，如因乙方提供的材料或信息不完整导致败诉，甲方有权拒绝支付离职补偿金。"

---

① 北京市第二中级人民法院民五庭法官。

2019年年初，刘飞要求中朗技术公司按照约定支付其经济补偿金；中朗技术公司认为双方约定的给付条件并未成就，遂予以拒绝。同年4月，刘飞以中朗技术公司为被申请人申请劳动仲裁，主张双方签订的《解除劳动合同协议书》中约定的支付条件非刘飞所能控制，且违反法律法规的强制性规定，应属无效条款；即便认定该条款有效，支付条件亦已成就，故请求：中朗技术公司支付解除劳动合同经济补偿金30万元。中朗技术公司主张协议书系双方协商签订，合法有效，现约定条件并未成就，故不同意支付刘飞经济补偿金。

2019年6月，劳动仲裁委员会作出裁决，支持了刘飞的仲裁请求。中朗技术公司不服仲裁裁决，向法院提起诉讼，请求法院确认中朗技术公司无须支付刘飞经济补偿金30万元。

一审法院经审理认为，中朗技术公司与刘飞于2017年8月签订解除劳动合同协议书，双方协商一致解除劳动合同，并就经济补偿及支付条件进行了约定，其中经济补偿包含但不限于解除劳动合同的代通知金、经济补偿金、赔偿金及可能的加班工资、年假等。根据法律规定，支付经济补偿、加班工资、未休年休假工资等均是用人单位的法定义务。中朗技术公司与刘飞协商一致解除劳动合同，符合《劳动合同法》第四十六条规定的用人单位应支付劳动者经济补偿的情形。根据《劳动合同法》第五十条第二款规定："……用人单位依照本法有关规定应当向劳动者支付经济补偿的，在办结工作交接时支付。"故综合上述分析，中朗技术公司与刘飞约定的补偿金不得附条件支付，根据原《合同法》（已失效）第五十二条规定，中朗技术公司与刘飞签订的《解除劳动合同协议书》中第4条违反法律强制性规定，加重劳动者义务，该补偿金支付条件应属无效。又因合同部分无效，不影响其他部分效力的，其他部分仍然有效，故中朗技术公司仍应依据该《解除劳动合同协议书》约定支付刘飞补偿金30万元。判决：一、中朗技术公司于判决生效后7日内向刘飞支付补偿金30万元；二、驳回中朗技术公司的诉讼请求。

判决后，中朗技术公司持原诉请求上诉至二审法院，刘飞对其公司的上诉请求不予认可，并主张双方订立的协议所附经济补偿金的支付条件无效，且约定条件已成就。二审法院经审理认为，刘飞主张《解除劳动合同协议书》

第4条违反了《劳动合同法》第四十六条第二项、第五十条第二款的规定应属无效。但是上述规定并非法律的效力性强制性规定，刘飞与中朗技术公司自愿达成《解除劳动合同协议书》，双方对经济补偿金的支付条件进行了明确约定，该约定应属有效，双方均应遵照执行。现根据查明的事实，双方约定的支付条件已成就。故，一审法院判决中朗技术公司向刘飞支付补偿金30万元正确，二审法院判决驳回上诉，维持原判。

本案系一起用人单位与劳动者达成解除协议后发生争议的案件，根据《劳动合同法》第三十六条规定："用人单位与劳动者协商一致，可以解除劳动合同。"刘飞与中朗技术公司解除劳动合同时签订了协议书，明确约定了中朗技术公司应支付刘飞经济补偿金的具体数额并附加了给付条件。但是在履行协议过程中，双方却产生了争议。从案情和法院的处理可以看出，本案最核心的争议是《解除劳动合同协议书》的效力问题，不仅刘飞与中朗技术公司对此存在争议，一审法院和二审法院在该问题上也存在着不同认识，故有必要详细论之。

法理分析

用人单位和劳动者在履行劳动合同时常会遇到双方协商后达成一致意见而解除的情形。可以说，协商解除劳动合同并达成协议是普遍情况。而解除协议效力的认定则是出现纠纷时需要首先解决的问题。

解除协议往往包含工资、奖金、加班工资、经济补偿金的支付等具体问题。而这些问题在涉及劳动法律关系的相关法律法规中均有规定。例如，《劳动合同法》第三十条第一款规定："用人单位应当按照劳动合同约定和国家规定，向劳动者及时足额支付劳动报酬。"第三十一条规定："……用人单位安排加班的，应当按照国家有关规定向劳动者支付加班费。"同时，根据《劳动合同法》第三十六条和第四十六条第二项、第五十条第二款规定，用人单位向劳动者提出解除劳动合同并与劳动者协商一致解除劳动合同的应当向劳动者支付经济补偿，用人单位依照该法有关规定应当向劳动者支付经济补偿的，在办结工作交接时支付。那么，在法律有规定的情况下，是否意味着用人单位和劳动者不能对法律有规定的事项进行约定呢？

诚然，意思自治是民法的基本原则之一。在解除劳动合同过程中，双方当事人是可以通过协商对相关事项进行自由约定的，这是意思自治原则在劳动法律关系中的具体体现。而意思自治也并非没有限制，即双方当事人的约定不能违反法律法规的强制性规定。《最高人民法院关于审理劳动争议案件适用法律问题的解释（一）》第三十五条对此进行了规定，该条第一款明确："劳动者与用人单位就解除或者终止劳动合同办理相关手续、支付工资报酬、加班费、经济补偿或者赔偿金等达成的协议，不违反法律、行政法规的强制性规定，且不存在欺诈、胁迫或者乘人之危情形的，应当认定有效。"协议不存在欺诈、胁迫或者乘人之危情形，即为保证协议的签订系双方当事人的真实意思表示；不违反法律、行政法规的强制性规定则系对意思自治的限制。在明确该问题后，即涉及强制性规定该如何理解的问题，这也是本案中刘飞与中朗技术公司产生根本分歧，一审法院和二审法院存在不同认识的根源。

关于强制性规定的理解，可以从原《合同法》（已失效）及其相关司法解释的具体规定入手。根据原《合同法》（已失效）第五十二条第五项规定，违反法律、行政法规的强制性规定的合同无效；《最高人民法院关于适用〈中华人民共和国合同法〉若干问题的解释（二）》（已失效）第十四条明确，《合同法》（已失效）第五十二条第五项规定的"强制性规定"，是指效力性强制性规定。《关于当前形势下审理民商事合同纠纷案件若干问题的指导意见》进一步指出："人民法院应当注意根据《合同法解释（二）》第十四条之规定，注意区分效力性强制规定和管理性强制规定。违反效力性强制规定的，人民法院应当认定合同无效；违反管理性强制规定的，人民法院应当根据具体情形认定其效力。"从上述规定可以看出，对于合同无效的直接认定，应限于违反了效力性强制性规定；对于管理性强制性规定则应根据具体情形认定合同效力。

关于效力性强制性规定的识别，一般而言，强制性规定涉及金融安全、市场秩序、国家宏观政策等公序良俗的；交易标的禁止买卖的，如禁止人体器官、毒品、枪支等买卖；违反特许经营规定的，如场外配资合同；交易方式严重违法的，如违反招投标等竞争性缔约方式订立的合同；交易场所违法的，如在批准的交易场所之外进行期货交易，应当认定为效力性强制性规定。[①]而在劳动法律关系中，有关社会保险的强制性规定则是较为典型的效力性强制性规定。例如，《社会保险法》第六十条第一款规定："用人单位应当自行申报、按时足额缴纳社会保险费，非因不可抗力等法定事由不得缓缴、减免……"故如果用人单位与劳动者达成了无须缴纳社会保险的协议，会因违反了效力性强制性规定而无效。

本案中，刘飞与中朗技术公司签订了解除协议，该协议对用人单位支付经济补偿金的数额进行约定并附加了给付条件，从本质上讲，附加给付条件系刘飞对自身权利的一种处理，这种处理并未侵害国家利益、公共利益，亦未违反公序良俗。刘飞认为解除协议违反了《劳动合同法》第三十六条和第四十六条第二项、第五十条第二款的规定，但是上述规定并非效力性强制性规定，不能据此认定解除协议无效。故解除协议有效，双方均应遵照执行。根据二审法院查明的事实，解除协议附加的条件已成就，中朗技术公司应基于约定支付其经济补偿金，而并非基于协议无效而直接支付经济补偿金，一审法院对本案的处理有误，但由于结果一致，二审法院遂对案件结果予以维持。

综上，通过上述案例的法理分析可知，在履行劳动合同过程中，用人单位与劳动者均有权提出解除劳动关系的要求；双方协商一致并针对解除的具体事项达成的书面协议，如不涉及法定无效情形，则应认定为有效。协议约定的工资、经济补偿金等有关金钱给付项目的具体数额可以高于或低于法定标准。有效的解除协议双方均应遵照执行，任何一方都不能随意反悔。

需格外注意的是，双方协商解除劳动合同遇以下两种情况不应认定协议

---

① 最高人民法院民事审判第二庭编著：《〈全国法院民商事审判工作会议纪要〉理解与适用》人民法院出版社 2019 年版，第 241 页。

有效，其一，违反了法律、行政法规的强制性规定，即本文所述案例涉及的争议问题。其二，存在欺诈、胁迫或者乘人之危情形的，欺诈一般是指行为人故意欺骗他人，使对方陷入错误判断，并基于此错误判断作出意思表示的行为①；胁迫一般是指行为人通过威胁、恐吓等不法手段对他人思想上施加强制，由此使他人产生恐惧心理并基于恐惧心理作出意思表示的行为②；乘人之危一般是指一方当事人乘对方处于危难之际，为牟取不正当利益，迫使对方作出不真实的意思表示，严重损害对方利益的行为。解除协议符合上述情况，当事人可以请求法院不予认定其效力。

知识拓展

当前，用人单位与劳动者协商一致解除劳动合同的情况不在少数，而双方当事人为减少纠纷的发生，以签署协议或其他书面文件的形式对解除劳动合同办理相关手续、支付工资报酬、加班费、经济补偿或者赔偿金等问题进行约定的情况亦甚为多见。而司法实践中，双方签署解除协议或离职文件后因其中一方反悔引发劳动争议的情况时有发生，该类案件一般呈现以下几个特点。

第一，解除协议的形式多样。用人单位与劳动者协议解除达成的一致意见往往呈现多种形式，此处的协议系广义理解，主要有以下三种形式：其一，双方正式签订《解除劳动合同协议书》等书面文件；其二，劳动者单方承诺而形成的《承诺书》《结算书》等；其三，离职手续中出现的劳动者签字确认的内容，如在《离职申请表》中标明“工资已结算完毕，双方再无其他劳动争议”等。

第二，劳动者反悔的案件居多，无合理理由而反悔的法院不予支持。在一些案件中，劳动者往往以签署协议系受到用人单位胁迫或欺骗、解除协

① 李适时：《中华人民共和国民法总则释义》，法律出版社 2017 年版，第 462 页。

② 李适时：《中华人民共和国民法总则释义》，法律出版社 2017 年版，第 468 页。

议违反法律法规的强制性规定等理由，要求对协议中已经协商一致的部分或者全部内容进行重新认定。例如，在张某某与博学公司劳动争议一案中，双方已通过协议协商一致确认解除劳动合同，并确定了博学公司支付张某某经济补偿金的数额，而在诉讼中张某某却主张博学公司与其解除劳动关系系违法，其因受胁迫而签订协议，并要求用人单位支付违法解除劳动关系赔偿金。但是由于张某某无法举证证明其主张，法院对其主张不予支持。

第三，一些用人单位以协议形式规避自身责任的情况亦有发生。在一些案件中，用人单位要求劳动者签署解除协议或其他书面文件后才为其办理相应的离职手续，如开具离职证明、转移社会保险等。在张小超与灿烂公司劳动争议一案中，灿烂公司即要求张小超在结算未付工资前必须提交承诺书，《承诺书》需载明工资及加班费已结算完毕，张小超不能再向该公司主张任何权利，并允诺张小超提交《承诺书》后立刻为其结清欠付工资，同时如果张小超不提交《承诺书》，其公司将拒绝为张小超办理离职手续，并拒绝出具离职证明。张小超按灿烂公司的要求提供《承诺书》后，灿烂公司并未履行承诺。后张小超向法院提供了相应证据，证明了灿烂公司的行为，法院支持了张小超关于请求灿烂公司支付工资的诉求。

从本文重点讲解的刘飞与中朗技术公司劳动争议一案及上述延伸拓展的两个小案例可以看出，在协商解除劳动合同的案件中，法院尊重用人单位与劳动者的意思自治，保护双方的诚信行为，无正当理由反悔的不予支持；协议违反法律法规强制性规定的，应属无效；如有证据证明协议的签订并非当事人的真实意思表示，当事人可申请法院予以撤销，不予认定协议效力。

此外，如若双方当事人仅针对解除劳动合同达成一致，并未涉及工资、加班费、经济补偿金的支付等具体问题，则应按照法律规定处理。简而言之，即有约定从约定，无约定按法定。

需特别注意的是，在双方未有约定的情况下，劳动者要求用人单位支付经济补偿金的，应分情况对待。用人单位若依据《劳动合同法》第三十六条的规定向劳动者提出解除劳动合同并与劳动者协商一致解除劳动合同的应当向劳动者支付经济补偿金；劳动者若依据《劳动合同法》第三十七条的规定[1]提出解除劳动合同（未涉及用人单位应当支付经济补偿金的其他事由），办理离职手续后，又要求用人单位支付经济补偿金的，难以获得支持。

普法提示

本文以刘飞与中朗技术公司劳动争议案件为切入点，延伸两个涉及协商解除劳动合同的小案例，通过阐释认定解除协议效力的相关法律规定及审判规则，提醒用人单位与劳动者在协商解除劳动合同时应当注意的问题。

首先，用人单位与劳动者协商一致解除劳动合同时均应对协议的签订持审慎态度。

一方面，无论是对于正式的书面协议还是对于诸如离职承诺书、决算书等书面文件，双方均需综合考虑全部情况后对协商一致的具体内容逐条、逐款、逐项进行核对并确认。

这里应注意两个问题：其一，双方协商一致的内容均应体现在书面协议之中。在刘飞与中朗技术公司劳动争议一案中，中朗技术公司称其公司系基于需要刘飞配合完成后续工作的考虑，才与刘飞签订了数额较高的经济补偿金协议，但是由于双方未将具体工作内容落实在协议中，导致项目后续无人负责跟进，回款不及时，其公司与刘飞所负责项目对应的公司产生多起诉讼，严重增加了其公司的经济负担。

其二，双方均应明确知晓协议各条款的含义再作出决定，在刘飞与中朗技术公司劳动争议一案中，刘飞称中朗技术公司还有一位劳动者和他的情况类似，他看别人签署了协议便跟随签署，实际上其本人并不了解约定条件是何含义，其误以为约定条件较容易成就，没想到两年都未能获得经济补偿金，遂以协议无效为由提起劳动仲裁。

另一方面，若协议系格式文本或者文本中含有格式条款，提供格式文本

① 《劳动合同法》第三十七条：劳动者提前三十日以书面形式通知用人单位，可以解除劳动合同。劳动者在试用期内提前三日通知用人单位，可以解除劳动合同。

或格式条款的一方应当遵循公平原则确定双方之间的权利义务，并采取合理的方式提请对方注意免除或者限制其责任的条款，并按照对方的要求，对文本或条款的具体内容予以说明；提供格式条款的一方免除其责任、加重对方责任、排除对方主要权利的，该条款无效；对格式条款的理解发生争议的，应当按照通常理解予以解释；对格式条款有两种以上解释的，应当作出不利于提供格式条款一方的解释；格式条款和非格式条款不一致的，应当采用非格式条款。

其次，用人单位应严格落实法律法规规定的劳动基准，恪守诚信原则，禁止利用自身优势地位规避责任的情况，规范协商流程并适时留存相应证据。

第一，用人单位应在履行劳动合同期间按照法律法规及劳动合同约定对劳动者提供劳动保护和劳动条件、及时足额支付劳动报酬、依法为劳动者缴纳社会保险费用，并注意保障劳动者的休息权。

第二，用人单位应恪守诚信原则，禁止利用自身在双方关系中的优势地位，欺骗劳动者违反真实意思签署协议，禁止以不出具离职证明、不转移社会保险等为威胁，迫使劳动者签署协议。如在张小超与灿烂公司劳动争议一案中，张小超主张解除协议无效获得支持，系因灿烂公司通过哄骗的方式让其相信签署协议后会为其结算工资，亦以不办理相关手续为威胁迫使其签署协议，故协议的签订并非张小超的真实意思表示，协议不应被认定有效。

第三，用人单位应规范解除流程，协商过程可指派专人负责，协议条款与劳动者商定，注意适时留存关键证据，有必要的可以做到全程留痕。

最后，劳动者应增强法律意识和证据意识，协商期间应正常提供劳动，避免盲目签署解除协议的情况，对于欺诈、胁迫、乘人之危等情形，应注意留存相关证据，以备不时之需。

第一，劳动者需对自身情况及相对应的法律知识有适当了解，尤其在协商时劳动者应首先对自身劳动合同的内容进行确认，即检查双方关于劳动关系项下相关权利义务的具体约定。

第二，劳动者与用人单位协商期间，除用人单位同意外，劳动者均应遵守劳动纪律，正常提供劳动，防止因未到岗提供劳动而被用人单位开除的情况。

第三，在签署协议时，劳动者切忌盲目跟从他人，即避免看其他劳动者签署协议而贸然跟从的情况。

第四，劳动者要增强证据意识，在张某某与博学公司劳动争议一案中，张某某一直坚称其签署解除协议是受到博学公司人事经理的欺诈，其实际系被违法解除，但是自始至终，张某某均未能对该项主张提供任何证据，因而最终败诉。

协商解除劳动合同系常见的解除方式，用人单位与劳动者本着互谅互让、友好协商的观念解决纠纷，本可迅速且有效地减少劳动争议的发生，对双方均有益处，但司法实践中，签署协议后反悔的情况时有发生，值得关注。在此情况下，建议用人单位与劳动者均增强法律意识和证据意识，恪守诚信原则，忠实履行协议义务，遇纠纷冷静处理，从而妥善解决争议。

案例一

劳动者单方解除劳动合同

——以未缴纳社保为由提出辞职获经济补偿金

莎其拉[1]

案情回顾

（一）“我不干了！”

2018年春节刚过，大雷就入职了心仪的宏图公司，从事他梦想的广告雕刻工作。宏图公司负责大雷的一切食宿，这让大雷惊喜不已。大雷原本想凭借自己的专业特长在公司大展宏图，好好做一番事业，想不到没过多久他就从梦中惊醒。原来在大雷入职后公司一直没有和他签订劳动合同，也没有为他缴纳社会保险。他本来觉得春节刚过，公司的工作节奏还没有步入正轨，没有来得及为他办理入职手续等这都可以理解，反正有吃有住有工资，他毕竟打算长干，不好为了这样的小事扰乱了领导的过节气氛。于是他就又等了一段时间，这一等就是四个月，终于在6月14日，在宏图公司发放完上月工资的第二天，他忍不住了，鼓起勇气给公司总经理发了微信，决定离职并要求公司把6月的工资一起支付给他。这本来是一个可以商量的过程，但公司没有给他商量的余地。

大雷因双倍工资等问题与宏图公司发生了冲突，于是向劳动仲裁委员会提出了仲裁申请。大雷对裁决金额不满，又起诉至一审法院，请求法院确认他在公司工作期间与宏图公司系劳动关系，并判令宏图公司支付其克扣的工资、因未为他购买社会保险而应赔偿的损失、解除劳动关系经济补偿金以及因未签订书面劳动合同应支付二倍工资的差额。一审法院判决：一、大雷与

---

① 北京市第二中级人民法院民五庭法官助理。

宏图公司自2018年2月27日至6月13日期间存在劳动关系。二、宏图公司支付大雷2018年6月的工资、经济补偿金、未签订劳动合同的二倍工资的差额；三、驳回大雷的其他诉讼请求。

本案经一审、二审后，已由中级人民法院作出维持原判的终审判决。

（二）争议焦点

宏图公司不服一审判决，认为双方劳动关系不应该因为大雷向公司发送离职微信就产生解除的效果，因而基于解除的判项均是错误的。宏图公司具体理由如下：1. 一审法院没有查清宏图公司与大雷之间的关系，即对6月14日以后双方是什么关系，法院并没有明确。公司没有违反《劳动合同法》第三十八条第二款规定，不存在强迫劳动及危险作业危及大雷人身安全的情况，劳动者就没有立即解除劳动合同的权利。同时，劳动者在符合《劳动合同法》第三十八条第一款的任何条件下都可以解除劳动合同，但是都不可以立即解除，而是按照第三十七条的规定，提前30日以书面形式通知用人单位。因而从6月14日之后，宏图公司和大雷之间究竟是劳动关系继续延续，还是认定解除合同的行为有效是存疑的。一审法院断章取义，只引用了《劳动合同法》第三十八条第一款的文字，而对第三十七条和第三十八条第二款视而不见。2. 一审判决书第二项内容中所谓“经济补偿金”“双倍工资的差额”是在解除劳动合同有效这一错误事实基础上做出的。宏图公司也在不断完善劳动用工制度，正准备与所有劳动者签订书面的劳动合同，办理社会保险也已经纳入了宏图公司的议事日程。如果没有大雷蓄意敲诈，大雷的社保手续应该办理完毕。既然解除劳动合同是错误的，在此基础上判决赔偿也是错误的。3. 6月份工资是待定事项，一审法院判决宏图公司向大雷支付6月份工资是以认定大雷解除劳动合同有效为基础的，但其解除行为是无效的。所以不应支付所有判项所涉钱款。

大雷答辩认为：1. 原审法院适用法律并无不当。《劳动合同法》第三十七条规定的提前30天书面通知用人单位而解除劳动关系的前提条件是用人单位无过错，宏图公司存在违法的过错行为，故劳动者解除劳动关系不适用该条规定。《劳动合同法》第三十八条第一款规定的用人单位有6种过错情形之一者，劳动者可以解除劳动关系，即劳动者可以随时通知用人单位解除劳动关系。本案中，宏图公司存在克扣工资、不办理社会保险、不签订劳动合同等多项过错，故本人有权随时解除劳动关系。2.法院无需审理当事人双方2018年6月14日以后是什么关系。作为法院审理案件的原则是不告不理，本案中的当事人双方均未请求原审法院查清2018年6月14日以后的关系，故法院无须查清。3.法院的判决主要是基于宏图公司的承认和陈述予以判决的，原审法院判决支付的数额并未损害宏图公司的权益。

根据宏图公司的上诉理由及大雷的答辩意见，可以归纳出本案争议焦点在于劳动者在当前情况下以微信的形式通知离职的行为，是否具有解除劳动关系的效力。深层问题就是劳动者在何种情况下具有单方解除权？解决了这个问题，那么公司关于其他判项的疑问也就迎刃而解了。

审理本案的两级法院均认为，宏图公司没有依法为大雷缴纳社会保险，构成了《劳动合同法》第三十八条第一款第三项规定的情形，根据《劳动合同法》第四十六条第一项规定，宏图公司应支付经济补偿金。

针对公司的疑问，需要指出的是《劳动合同法》第三十七条是关于劳动者单方解除劳动合同的程序性规定。《劳动合同法》第三十八条是关于因用人单位的过错劳动者可以解除劳动合同的规定，按照规定，劳动者享有特别解除权，即用人单位一旦出现违法情形，劳动者无须向用人单位预告即可无条件单方解除劳动合同。上述两个条款的立法目的、适用前提及其法律后果完全不同，并且法条之间不构成条件关系。宏图公司认为劳动者应提前30日书面通知，才有权解除劳动合同以及劳动者只有在企业存在该法第三十八条第一款规定的违法情形时方可立即解除合同是对法律的误解，宏图公司应当承担民事责任。也就是说，在双方存在劳动关系的情况下，大雷在宏图公司存在违法情形时就享有了特别解除权，他可以以微信形式告知公司离职，离职信息到达公司时双方劳动关系解除，无须公司同意，大雷也完全正确地运用了属于他的劳动者单方解除劳动关系的权利。

法理分析

劳动合同是劳动者与用人单位确立劳动关系、明确权利义务的协议。建立劳动关系应该订立劳动合同。本案中宏图公司迟迟不与大雷订立劳动合同是违法的，未订立书面劳动合同需要承担一定的法律后果，本案中法院已通过生效判决确认双方存在劳动关系，在此不再赘述。如果说订立劳动合同是建立劳动关系的基础或前提，那么消灭劳动关系就要通过解除或者终止劳动合同来完成。劳动合同的解除和终止不同于一般的民事合同，渗透着倾斜保护劳动者合法权益的立法目的，因而关于劳动关系的解除，除了用人单位和劳动者通过协商一致解除外，法律还赋予了劳动者单方解除劳动合同的权利。

《劳动合同法》第三十七条和第三十八条规定了基于劳动者的意志而解除合同的情形：

第三十七条规定："劳动者提前三十日以书面形式通知用人单位，可以解除劳动合同。劳动者在试用期内提前三日通知用人单位，可以解除劳动合同。"

第三十八条第一款规定："用人单位有下列情形之一的，劳动者可以解除劳动合同：（1）未按照劳动合同约定提供劳动保护或者劳动条件的；（2）未及时足额支付劳动报酬的；（3）未依法为劳动者缴纳社会保险费的；（4）用人单位的规章制度违反法律、法规的规定，损害劳动者权益的；（5）因本法第二十六条第一款规定的情形致使劳动合同无效的；（6）法律、行政法规规定劳动者可以解除劳动合同的其他情形。"

第三十八条第二款规定："用人单位以暴力、威胁或者非法限制人身自由的手段强迫劳动者劳动的，或者用人单位违章指挥、强令冒险作业危及劳动者人身安全的，劳动者可以立即解除劳动合同，不需事先告知用人单位。"

由以上条款可知，劳动者单方解除劳动合同必须符合法律规定的解除条件并按照法定程序进行。按照解除条件和程序的不同，劳动者单方解除劳动合同可以分为三种情况：1. 预告解除（对应第三十七条）：①提前 30 日通知解除；②试用期内提前 3 日通知解除；2. 随时解除（对应第三十八条第一款）；

3. 立即解除（对应第三十八条第二款）。以上情形适用于固定期限劳动合同、无固定期限劳动合同和已完成一定工作任务期限内的劳动合同。《劳动合同法实施条例》第十八条通过列举方式将包括“劳动者与用人单位协商一致”在内的上述情况综合成13种情形。

劳动者行使单方解除权的意思表示在性质上属于形成权，无须对方当事人同意，解除通知到达用人单位时就发生劳动合同解除的效力。关于通知的形式，除了必须提前30日采取书面通知的形式外，其余情况既可以书面解除也可以口头解除。甚至在第3种立即解除所对应的两种情形中，劳动者无须事先告知用人单位就可以解除。劳动者行使解除权的首要法律后果就是劳动合同的消灭，但已经履行的部分仍然有效，用人单位必须向劳动者支付已完成部分的劳动报酬。同时，劳动者在随时解除和立即解除的情况下，用人单位还必须向劳动者支付经济补偿。因而本案中，大雷在宏图公司不为其缴纳社会保险的情况下，微信告知公司离职，符合《劳动合同法》第三十八条第一款第三项规定，属于随时解除劳动合同的情形，在公司收到微信消息并读取后双方劳动关系发生解除效力，双方劳动关系存续至发送微信的前一日即6月13日，公司仍然需要支付大雷6月份其在职期间的劳动报酬，并且向大雷支付经济补偿金。

知识拓展

在了解基本的法律规定后，我们具体分析一下各情形下劳动者如何行使单方解除权。

（一）预告解除

《劳动法》第三十一条、《劳动合同法》第三十七条以及《劳动合同法实施条例》第十八条第二项和第三项赋予了劳动者预告解除权，旨在保护劳动者的择业自由。劳动者有了辞职自由，也就促进了劳动力的自由流动。劳动者行使该种预告解除权不需要考察用人单位的过错行为，劳动者也无须说明理由，但是需要按照法定的程序和要求，主要有两个方面：一是时间上的要求。劳动者遵守解除劳动合同的预告期，即提前 30 日书面通知用人单位或试用期内提前 3 日通知。在用人单位无过错的情况下，劳动者离职会在一定程度上对生产经营造成影响，因此需要一定时间为用人单位安排人员接管工作提供可能，以保持正常的工作秩序，减少因劳动者辞职而给用人单位的生产经营活动带来不利影响。二是行为和形式上的要求。劳动者要通知用人单位。通知内容应该明确具体，因为解除通知涉及预告期的起算时间和解除效力，发生争议时该通知也是重要的证据，所以劳动者提前 30 日解除劳动合同的通知必须是书面形式。而试用期内劳动者解除劳动合同则没有明确形式要求，只需要符合时间要求按时通知即可，可以书面解除，也可以口头解除。这是由于试用期内劳动关系还处于不稳定的状态，劳动者和用人单位还处于互相考察的阶段。另外，根据《劳动合同法》第九十条的规定，如果用人单位因劳动者没有履行提前通知义务而受到损失，劳动者应该承担赔偿责任，因而劳动者在行使预告解除权时一定要注意时间和形式要求。

实践中有不少案例中当事人在 30 天或 3 天的预告期内反悔，在用人单位未明确回复同意辞职的情况下撤回辞职申请。需要注意的是，预告解除不存在反悔撤销的效力，解除通知虽然很多时候以“辞职申请”的形式出现，但实际上并不需要用人单位回复或批准，一经到达即发生解除效力，但劳动者在预告期结束前仍需在岗提供劳动，以达到减少用人单位损失的目的，相当于解除的附随义务，在这期间双方仍存在事实上的劳动关系，因而双方劳动关系认定期间到预告期满劳动结束时止。

（二）随时解除

《劳动合同法》第三十八条第一款、《劳动合同法实施条例》第十八条第四项至第十项规定了劳动者可以无条件随时解除劳动合同的情形。由于劳动者不需要预告而随时解除劳动合同会给用人单位的生产经营活动带来较大影响，所以法律明确规定了行使条件，一般限于用人单位存在过错的情况。在劳动合同履行过程中，如果用人单位不能按照法律规定或者劳动合同约定为劳动者提供安全卫生的劳动保护、不为劳动者创造劳动条件、不及时足额支付劳动报酬、办理社会保险等，会严重损害劳动者的合法权益，影响劳动者的人身权利和基本生活保障。在这种情况下如果还要求劳动者提前30日通知，对劳动者来说是不公平的，因而法律赋予劳动者随时解除的权利。

1. 关于劳动保护和劳动条件

实践中劳动者仅以用人单位未提供劳动保护或劳动条件而行使单方解除权获得支持的案例较少，一方面是因为很多用人单位不会单独存在这一种过错行为，通常会伴随拖欠劳动报酬或未缴纳社会保险的情况；另一方面是因为劳动者举证困难，无法提供确切的证据证明用人单位完全没有提供劳动保护或劳动条件，从而承担举证不利的后果。

在此提醒广大劳动者，劳动保护一般包含用人单位为劳动者生产安全、人身安全提供的设备物资及制度保障等，比如在容易产生职业病危害的岗位，用人单位应该为劳动者提供预防或减少健康受损的必备物资如耳塞、手套、劳保鞋以及防护服等劳保用品。当然根据该条规定，在认定是否存在未提供劳动保护情况时，不需要出现损害后果，只要在需要提供劳动保护的情形下未提供相应保护即可。

因劳动条件发生争议的情况一般伴随调岗而产生，比如缺乏劳动场所、劳动设施等。但因岗位的不同，所需的劳动条件并不必然相同，还需要结合个案情况具体认定。比如，南京市中级人民法院审理的（2019）苏01民终8932号案件中，劳动者的工作岗位系厨房勤杂，用人单位在原经营场地被政府收回后未在新的经营场所设置食堂，用人单位在经营地点变更后无法为劳动者提供相同或同类岗位，对劳动者履行劳动合同产生了实质性影响，属于未提供劳动条件，故在此情形下，劳动者可以提出解除劳动合同，并有权要求用人单位支付其相应的经济补偿。而在北京市第二中级人民法院审理的（2019）京02民终13726号案件中，用人单位依照政府政策调整进行经营场所搬迁，搬迁后为员工提供了班车、宿舍等弥补措施，并提供相应的证据予以证明，在此情况下，劳动者以变更工作地点属于未按照劳动合同约定提供劳动条件，并以此为由提出解除合同要求、支付解除劳动合同经济补偿金就缺乏相应依据。

2. 关于及时、足额支付劳动报酬

未及时、足额支付劳动报酬的案件占单方解除劳动合同案件的大头。从条文字面意思可以看出，这类案件意味着用人单位存在无故拖欠、克扣工资的情况，也就是出现延发、少发的情况，没有做到及时发放或者足额发放法律规定和劳动合同约定的全部工资构成，包括基本工资、绩效工资、加值班费等。比如，北京市第二中级人民法院审理的（2018）京02民终8475号案件，用人单位没有提供证据证明其项目未结束无法进行考核的主张，存在未及时足额支付劳动报酬的情况，应当承担举证不能的法律后果，劳动者以其拖欠该部分绩效工资等为由解除劳动合同，符合法律规定。需要注意的是，一些特殊的劳动报酬，比如未休年休假工资、各类福利性质的津贴、补贴是否属于该条中的“劳动报酬”，在实务中存在不同的认定标准，以各地实践为准，在此不再赘述。

3. 关于依法缴纳社会保险

为劳动者缴纳社会保险是用人单位的法定义务，一些中小企业不懂法或为节约成本故意不为劳动者缴纳社会保险，甚至实践中有很多用人单位要求劳动者私下签订“自愿”放弃社保声明，严重损害了劳动者的合法权益，法律赋予了劳动者在用人单位出现不缴纳社会保险的情况时可以单方解除劳动合同的权利，本案即属于这种情况。实践中这类案例较多，也暴露了部分用人单位法律意识不强、责任意识不到位的情况，当然，除了劳动者可单方解除并获得经济补偿金外，用人单位不为劳动者缴纳社会保险还需要依法承担其他法律责任。

实践中还存在一些用人单位不足额缴纳社保的情况，即不以劳动者实际工资为基数缴纳而按最低标准缴纳的情况，各地针对该种情况劳动者是否享有单方解除权存在不同做法，因为本身是否足额缴纳社会保险费的确认权在社保部门而非法院。在2019年社保费用转由税务部门征收后，这种欠缴情况应该会大大减少，此种欠缴是否使劳动者获得单方解除权以各地实践为标准，不做统一描述。

4. 关于规章制度

用人单位的规章制度虽然是用人单位和劳动者在工作中需要遵守的内部规范，但内部规范也需要严格遵守法律法规。由于用人单位的规章制度与劳动者切身利益相关，法律赋予劳动者在规章制度违法的情况下享有单方解除权。比如，内蒙古呼和浩特市中级人民法院审理的（2017）内 01 民终 2726 号案件中，王府井公司依据规章制度以劳动者民主测评分数未达标为由调整其工作岗位不符合法律规定，劳动者以此为由解除劳动合同并请求王府井公司支付经济补偿金获得法院支持。湖北省宜昌市中级人民法院审理的（2018）鄂 05 民终 932 号案件，认定盼盼木制品公司制定的加班制度违反劳动法关于劳动时间的强制性规定。还有广东省深圳前海合作区人民法院（2019）粤 0391 民初 340 号民事判决认定公司的规章制度中规定的罚款事项违反了法律规定。还有收取新入职工人押金的规章制度、进出工作场所对员工进行搜查、搜身的规章制度均违反法律规定，以上案例中劳动者均有权解除劳动合同并向用人单位主张支付经济补偿金。

5. 关于劳动合同无效

劳动者可以单方解除劳动合同的情况还包括用人单位存在《劳动合同法》第三十八条第一款第五项规定的“因本法第二十六条第一款规定的情形致使劳动合同无效的”，也就是用人单位存在“（1）以欺诈、胁迫的手段或者乘人之危，使对方在违背真实意思的情况下订立或者变更劳动合同的；（2）用人单位免除自己的法定责任、排除劳动者权利的；（3）违反法律、行政法规强制性规定的”的情形致使劳动合同无效的，劳动者享有单方解除权。实践中该类案例较少，湖北省襄阳市中级人民法院在审理（2018）鄂 06 民终 1453 号案件时，认为双方书面劳动合同明确约定蔡小洁的工作岗位为“店长”，却对劳动者进行强制调岗为其他店面的“订单员”并对其降薪，尽管合同中有“根据生产经营情况及工作能力调整工作岗位”以及“通知后仍未到岗工作的，视为严重违反规章制度”的规定，但该约定明显排除了劳动者在订立和变更劳动合同时平等自愿、协商一致的权利，属于《劳动合同法》第二十六条第一款第二项“用人单位免除自己的法定责任、排除劳动者权利的”的情形，认定该约定无效，故蔡小洁有权依据《劳动合同法》第三十八条第一款第五项的规定单方解除劳动合同。还有一些案例是法院因劳动者提供的证据不足以证明单位存在欺诈、胁迫情形而无法认定劳动者享有单方解除劳动权的。所以在该类案件中举证属于认定难点，提醒广大劳动者在合法权益受到损害时注意证据的收集和留存。

6. 关于其他情形

此条作为一种兜底条款，将难以涵盖在上述列举的五类条款中的其他情形以兜底方式囊括在其中，防止法律的不周延，以适应社会变迁，同时为劳动者提供了相对全面的单方解除权。在本条款的情形下，法官具有一定自由裁量权。

（三）立即解除

《劳动合同法》第三十八条第二款、《劳动合同法实施条例》第十八条第十一项和第十二项规定了劳动者在被用人单位强制劳动而导致人身自由和人身安全受到威胁时立即解除劳动合同的情况。一种是用人单位以暴力、威胁或者非法限制人身自由的手段强迫劳动者劳动的情况，另一种是用人单位存在违章指挥、强令冒险作业危及劳动者人身安全的情况。遇到上述两种情形，劳动者无须事先通知用人单位就可以立即解除劳动合同。因为在遇到上述这几种危险情况时，劳动者已经陷入自身难保的境地，如果还需要履行通知程序主动告诉用人单位离职需求，对劳动者自身安全来说无异于雪上加霜。此时，相对于用人单位的生产经营活动，劳动者的人身自由权、生命健康权更为重要，这也是劳动者可以为用人单位提供劳动的先决条件，因而需要受到优先保护，劳动者在面临以上两种严重危险时有权立即解除。同时，用人单位存在上述侵犯劳动者人身权益的情形时还需要承担其他法律责任，构成犯罪的，将会被依法追究刑事责任。

普法提示

<table>
<tr><th>序号</th><th>具体情形</th><th>权利属性</th><th>对应法条</th><th>备注</th></tr>
<tr><td>1</td><td>提前30日书面通知</td><td rowspan="2">预告解除</td><td rowspan="2">第三十七条</td><td>提前通知；书面形式；无须理由</td></tr>
<tr><td>2</td><td>试用期内提前3日通知</td><td>提前通知；无形式要求；无须理由</td></tr>
<tr><td>3</td><td>用人单位未按照劳动合同约定提供劳动保护或者劳动条件</td><td rowspan="8">随时解除</td><td rowspan="8">第三十八条第一款</td><td rowspan="8">无须提前通知；无形式要求；需用人单位存在相应过错行为；劳动者有权获得经济补偿</td></tr>
<tr><td>4</td><td>用人单位未及时足额支付劳动报酬</td></tr>
<tr><td>5</td><td>用人单位未依法为劳动者缴纳社会保险费</td></tr>
<tr><td>6</td><td>用人单位的规章制度违反法律、法规的规定，损害劳动者权益</td></tr>
<tr><td>7</td><td>用人单位以欺诈、胁迫的手段或者乘人之危，使劳动者在违背真实意思的情况下订立或者变更劳动合同</td></tr>
<tr><td>8</td><td>用人单位在劳动合同中免除自己的法定责任、排除劳动者权利</td></tr>
<tr><td>9</td><td>用人单位违反法律、行政法规强制性规定</td></tr>
<tr><td>10</td><td>法律、行政法规规定劳动者可以解除劳动合同的其他情形</td></tr>
<tr><td>11</td><td>用人单位以暴力、威胁或者非法限制人身自由的手段强迫劳动者劳动</td><td rowspan="2">立即解除</td><td rowspan="2">第三十八条第二款</td><td rowspan="2">无须通知；需用人单位存在相应过错行为；劳动者有权获得经济补偿</td></tr>
<tr><td>12</td><td>用人单位违章指挥、强令冒险作业危及劳动者人身安全</td></tr>
</table>

《劳动合同法》中上述关于劳动者单方解除权的规定，充分体现了劳动与社会保障法律规范以民为本、解决民生之忧患的立法目的，符合对在劳动关系中处在弱势地位的劳动者的倾斜保护原则，以及保障劳动者自由择业的劳动自由原则，对维护劳动者合法权益具有重大作用。

劳动者行使单方解除权除需要符合上述法定程序和法定情形外，还需要提醒劳动者注意的是，在诉讼过程中需要遵循“谁主张、谁举证”的举证责任分配原则，在随时解除和立即解除的情况下，劳动者需要举证证明用人单位存在《劳动合同法》第三十八条的对应情形，否则要承担不利的后果，实践中有不少劳动者因无法举证而败诉的案件。另外，用人单位作为在劳动关系中处于强势地位的一方，也应该担负起社会责任，强化责任意识，提高政治站位，严格遵守法律、法规，在法律规定范围内行使经营自主权。

案例三

用人单位单方解除劳动合同

——以旷工为由作出的解除劳动合同之合法性考量

金铭[①]

案情回顾

（一）用人单位以旷工为由解除劳动合同是否合法

劳动关系具有人身依附性、长期性、稳定性。与一般的民事法律不同，劳动法律关系中用人单位与劳动者之间表现为形式上的平等性和实质上的从属性，因此劳动合同的履行更加注重以实质公平为价值导向。一方面，绝大部分劳动者作为劳动关系中的弱势一方，其权利应当得到倾斜保护；另一方面，对劳动者权益充分保护的同时，也应保护用人单位的合法权益，如此才能构建和谐、稳定的劳动关系。因此，在用人单位单方解除劳动合同案件的审理中，应当仔细审查用人单位的解除原因是否成立，平衡保护劳动双方的合法权益。那么，用人单位以旷工为由解除劳动合同，劳动者和用人单位应当怎样做才能避免“踩雷”呢？

黄彬原系安康公司美食总监，双方签订有期限自 2017 年 4 月 10 日至 2022 年 4 月 9 日的劳动合同，试用期为 2017 年 4 月 10 日至 2017 年 10 月 9 日。

关于劳动合同的解除，黄彬主张因安康公司不满其工作业绩，于 2017 年 8 月 15 日将其辞退，提交劳动合同、试用期员工辞退通知书等。劳动合同载明，甲方：安康公司……乙方：黄彬……乙方有下列情形之一的，甲方可以提前解除本合同，不需支付乙方任何补偿金：……违反《考勤管理办法》达到辞退条件的……。试用期员工辞退通知书载明：黄彬先生，试用期间发

① 北京市第二中级人民法院民五庭法官助理。

现你不能胜任本职工作，未能完成入职时签订的KPI考核指标且差距较大。根据《劳动合同法》第三十九条第一项规定在试用期间被证明不符合录用条件的，用人单位予以辞退。且根据你在2017年7月的出勤情况，有多次无故旷工情况发生。按照公司相关规定及《劳动合同法》规定，单位有权无条件解除劳动合同……安康公司，2017年8月15日。

安康公司主张黄彬的离职原因为2017年7月存在旷工以及不能胜任本职工作的情况，据此与黄彬解除劳动合同，并提交2017年4月12日至7月31日考勤记录、《薪酬与绩效考核确认书》、《考勤管理办法》、2017年7月工资表等证明。考勤记录未显示黄彬2017年7月3日、4日、18日考勤情况，7月5日、7日、10日、12日至14日、17日、21日、24日至28日未显示黄彬下班考勤记录。《考勤管理办法》部分内容载明：公司员工上下班实行指纹打卡，未打卡者按旷工处理……一年内累计迟到及早退达3次或旷工1次者，公司予以辞退并解除劳动关系。7月工资表显示黄彬试用期工资40040元，缺勤扣款30735.66元，实发金额9304.34元。黄彬主张未见过《考勤管理办法》，2017年7月部分未显示出勤情况或出勤半天的原因为单位安排其出外勤办理业务；2017年7月工资表中缺勤扣款其不予认可，实发金额其已收到。公司主张未安排黄彬7月出外勤办理业务。

（二）法院审理结果

一审法院认为，由于双方对劳动合同、2017年7月考勤记录的真实性不持异议，故对上述证据，法院予以采信。黄彬就其2017年7月单位多次安排其出外勤办理业务、未见过单位《考勤管理办法》的主张，未提交相关证据加以证明，难以采信。依据劳动合同载明内容，对安康公司提交的《考勤管理办法》的真实性予以采信。依据考勤管理办法载明内容，结合黄彬2017年7月考勤记录，安康公司依据《考勤管理办法》与黄彬解除劳动合同，并无不妥。黄彬主张安康公司支付其解除劳动合同的经济补偿的诉讼请求，缺乏事实依据，不予支持。判决安康公司支付黄彬未休年休假工资11045.51元，并驳回黄彬其他诉讼请求。一审判决后，黄彬不服，提起上诉。

二审法院认为，安康公司与黄彬签订了《薪酬与绩效考核确认书》，黄彬认可其签字真实性，故对《薪酬与绩效考核确认书》予以采信。安康公司提交的美食部 2017 年 5 月至 7 月期间各月的销售统计表以及黄彬在上述期间内的业绩统计表，未有黄彬的签字确认，安康公司亦未能提交任何财务或者其他凭证对统计结果予以佐证，故对安康公司提交的销售与业绩统计表难以采信。双方签订的《薪酬与绩效考核确认书》明确了黄彬自 2017 年 4 月 10 日至 2017 年 12 月 31 日期间应当完成的总体业绩目标，但该绩效考核并未明确黄彬在各月或各季度内应当完成的分段业绩要求，故安康公司依据未经黄彬签字认可的统计表于 2017 年 8 月份即主张其未能通过考核无法胜任工作，对此不予支持。

双方对黄彬在职期间的出勤记录以及 2017 年 5、6 月份的考勤异常审批均无异议，对此应予采信。依据上述证据，其均是在月末提交当月的异常考勤申请，此后再由安康公司予以审批，并且在 5、6 月份中黄彬每月均存在超过 10 天的考勤异常情形，安康公司也予以了认可。上述情况能够证明，因开展业务的需要每月 10 次以上的异常考勤情形属于黄彬的正常工作状态。现黄彬 2017 年 7 月份的考勤记录与此之前的出勤情况并无明显差异，安康公司仅以其未同意当月的异常考勤申请即主张黄彬多次无故旷工，依据不足，不予支持。

因用人单位作出的解除劳动合同发生的劳动争议，用人单位负举证责任。安康公司未能提供充分证据证明其解除劳动关系的合法依据，其行为构成违法解除劳动合同。黄彬对安康公司解除劳动合同的行为的合法性不予认可，并据此按照经济补偿金二倍的标准向安康公司主张相应赔偿于法有据。根据黄彬在职期间的月工资标准，对其主张的合理部分予以支持。

最终，二审法院判决：1. 维持一审判决第一项；2. 撤销一审判决第二项；3. 安康公司支付黄彬违法解除劳动合同赔偿金 9304.34 元；4. 安康公司支付黄彬 2017 年 7 月 1 日至 2017 年 7 月 31 日的工资差额 30000 元；5. 驳回黄彬其他诉讼请求。

（三）本案争议焦点及主要法律问题

本案是由劳动合同解除所引发的争议，黄彬所请求的解除劳动合同的经济补偿、未提前3天通知解除劳动合同补偿、2017年7月1日至2017年7月31日工资差额、2017年7月拖欠工资25%的经济补偿金均与劳动合同解除的合法性问题直接相关；劳动合同解除的合法性问题亦影响到2017年4月1日至2017年7月31日折扣工资、2017年4月1日至2017年7月31日未休年休假工资、2017年度绩效工资以及延时加班工资和休息日加班工资、加班工资双倍补偿金问题的处理。因而，本案的审理应当围绕劳动合同解除的合法性展开。

由于安康公司主张的解除理由有二：一是黄彬未能通过考核、无法胜任工作；二是黄彬在2017年7月存在旷工。因而本案审理中需要查明上述二理由是否成立，亦即争议焦点一黄彬是否属于未能通过考核、无法胜任工作，以及争议焦点二黄彬在2017年7月是否存在旷工。

对于劳动合同解除类劳动争议案件，一般情况下由用人单位承担举证责任。在本案中，一审法院根据劳动合同、考勤记录等证据，将安康公司安排黄彬2017年7月出外勤办理业务、黄彬未见过公司《考勤管理办法》的证明责任分配给了黄彬，实际上导致劳动者承担了用人单位应当承担的证明劳动者存在旷工的事实以及已经履行向劳动者送达《考勤管理办法》的程序的证明责任。黄彬在上诉中对此提出质疑，因而应当对双方提交的证据进行仔细梳理，合理分配举证责任，亦即争议焦点三一审法院的举证责任分配是否恰当。

法理分析

（一）举证责任：用人单位应就解除劳动合同引发的争议负举证责任

关于本案的举证责任分配问题，《最高人民法院关于审理劳动争议案件适用法律问题的解释(一)》第四十四条规定，因用人单位作出的开除、除名、辞退、解除劳动合同、减少劳动报酬、计算劳动者工作年限等决定而发生的劳动争议，用人单位负举证责任。本案的请求均围绕用人单位解除与劳动者的劳动合同的合法性而展开，符合本条规定，因而应由安康公司就其所主张的黄彬存在无法胜任工作及旷工承担举证责任。

对于无法胜任工作一项，安康公司应当就双方有关于绩效的约定且黄彬未达到该约定的要求充分举证。对于旷工一项，安康公司不仅应当证明黄彬2017年7月旷工，而且在黄彬2017年5、6、7月每月均存在十余天的考勤异常情形下，应当就2017年5月、6月批准了异常考勤申请而未批准7月异常考勤申请作出合理解释。只有安康公司将上述事实都能证明的情况下，才属于完成了证明责任，而不应将用人单位应当承担的证明劳动者存在旷工的事实以及已经履行向劳动者送达《考勤管理办法》的程序的证明责任分配给劳动者。

(二)裁判规则：以旷工为由解除劳动合同的合法性应全面考虑

关于解除劳动合同的合法性问题，本案一审法院和二审法院在基本事实认定一致的基础上，得出了相反的结论，主要原因在于，判断以旷工为由解除劳动合同行为的合法性时，对于旷工的认定是否全面考虑。即使考勤记录存在多日考勤异常，也不必然认定为旷工，应结合劳动者出勤规律及用人单位审批规律综合认定；反之，即便劳动规章制度未规定旷工多日的法律后果，劳动者亦应遵守该项社会公众认可并接受的劳动纪律，不能仅以制定或送达程序存在瑕疵作为抗辩理由。

在判断用人单位以旷工为由与劳动者解除劳动合同是否合法时，对于旷工的认定可结合以下几个方面因素综合判断：一是劳动者的岗位特点及出勤规律。1. 劳动者的岗位是否能够做到每天按时出勤，如医药、保险等行业的销售人员，家具、家电安装工人，售后维修人员，需经常出差的人员等，不具备每天按时出勤的条件；2. 发生劳动争议前，劳动者每月的出勤情况是否基本一致，是每月都有大致相当的天数缺勤，还是劳动关系的最后一段时间出勤情况才变差，对于旷工的认定可能会得出不同的结论。

二是劳动者的主观意图，不能仅审查旷工时间长短来判断劳动者是否属于旷工以及是否严重违反用人单位规章制度，还应详细了解旷工前后的事实，如双方是否因调岗调薪等问题出现矛盾，劳动者是否故意失联，劳动者未到岗的行为是否严重影响用人单位相关工作的正常开展，造成不良影响，甚至造成用人单位的损失。

三是用人单位考勤管理制度内容是否合理、合法，用人单位对于劳动者的管理不应过于严苛，对于劳动者未到岗的处罚不应过当。

四是用人单位考勤管理制度制定及送达程序是否完备，解除程序是否完备，包括：考勤管理制度制定的民主程序，以及公示程序和送达程序；解除的征求工会意见并允许劳动者申辩程序、解除的送达程序等。但是对于较为严重的旷工行为，即便用人单位的考勤管理制度未明确规定旷工多日的法律后果，或者该制度的制定、公示和送达程序以及解除程序有一定瑕疵，按照用人单位的工作时间要求到岗工作作为社会公众所认可的基本劳动纪律，也应当被劳动者所遵守，劳动者严重违反的，用人单位据此解除劳动合同的决定并无不妥，不宜认定为违法解除。

知识拓展

《劳动合同法》第三十九条系用人单位单方解除劳动合同即过失性辞退的规定。过失性辞退，是指劳动者在履行劳动合同存在过失时，用人单位可以行使单方即时解除权。通常意义上，劳动者是劳动关系中处于弱势地位的一方，如果用人单位可以随时行使解除劳动合同的权利，那么劳动者权益将难以得到保障。因此，《劳动合同法》第三十九条规定，只有在劳动者存在如下行为时，用人单位才可以行使即时解除的权利。

（1）在试用期间被证明不符合录用条件的。试用期是劳动合同订立后，用人单位和劳动者互相考察的期间。用人单位在试用期内解除劳动合同，应当具备以下几个前提条件：1. 用人单位有合法的、明确的录用条件，并已经和劳动者对此进行了确认；2. 劳动者正处于试用期，并且用人单位设置的试用期期限合法；3. 用人单位提交的证据能够证明劳动者不具备录用条件。本书有专门案例讨论试用期问题，在此不再赘述。

（2）严重违反用人单位的规章制度的。劳动关系具有从属性、人身依附性等特征，劳动者应当按照用人单位的合理要求开展工作。劳动者若未能按照用人单位依法构建的规章制度工作，则用人单位有权即时解除劳动合同。此时需满足三个要件：1. 规章制度的内容应当符合法律规定，且通过民主程序公之于众；2. 劳动者的行为客观存在且已经达到严重违反用人单位规章制度的程度；3. 用人单位对劳动者的处理是按照公司规章制度办理的，且符合法律法规的规定。

（3）严重失职，营私舞弊，给用人单位造成重大损害的。劳动者按照劳动合同的约定完成工作任务，是劳动合同的内在要求。失职是指劳动者具备完成用人单位为其安排的工作任务的能力，但是由于自身原因造成该工作任务未能完成。严重失职，须根据用人单位的受损程度来进行综合考量，如果劳动者的失职、营私舞弊行为确实导致了用人单位承受巨大损失、恶劣影响等情况，那么用人单位有权即时解除劳动合同，劳动者应当承担不利后果。

（4）劳动者同时与其他用人单位建立劳动关系，对完成本单位的工作任务造成严重影响，或者经用人单位提出，拒不改正的。我国法律并未禁止双重、多重劳动关系，劳动者可以根据自己的能力同时承担多份工作并获得多份收入。但是，如果劳动者存在经常无法完成用人单位合理安排的工作任务，在同行业多家用人单位履职并泄露用人单位商业秘密等行为，对完成本单位的工作任务造成了严重影响，那么用人单位可以单方解除劳动合同；或者劳动者的行为虽然未对完成本单位的工作任务造成严重影响，但是用人单位向劳动者提出了不得与其他单位建立劳动关系，而劳动者拒绝改正，用人单位亦可以单方解除劳动合同。

（5）因《劳动合同法》第二十六条第一款第一项规定的情形致使劳动合同无效的。即劳动者通过欺诈、胁迫的手段或者乘人之危，迫使用人单位在违背真实意思的情况下订立或者变更劳动合同，用人单位可以单方解除劳动合同。此时，用人单位应当提交充分证据证明劳动者确实存在欺诈、胁迫或者乘人之危的情形，以及用人单位由于劳动者存在上述情形而违背真实意思与劳动者订立或变更劳动合同，即用人单位需要证明客观事实和因果关系均存在。

（6）被依法追究刑事责任的。被追究刑事责任的劳动者，在人身自由、民主权利等方面都有可能受到限制，这将影响劳动合同正确、及时、有效地履行。鉴于劳动者难以履行劳动合同所规定的义务，故赋予用人单位单方解除劳动合同的权利。

普法提示

（一）劳动者行为指引

旷工解除劳动合同，劳动者如何避免“踩雷”呢？即劳动者如何避免被用人单位以旷工为由合法解除劳动关系。

1. 遵守劳动规章制度。劳动关系具有人身依附性、长期性、稳定性。用人单位对劳动者实施劳动管理，并提供相应的劳动条件和必要的劳动保护措施。劳动者提供劳动时应当接受用人单位的劳动管理，遵守用人单位的规章制度。劳动者正常提供劳动的，如因出差、出外勤等未能到岗，应当遵守用人单位关于外出的审批规定，严格履行审批手续，并在返岗后及时汇报外出成果。劳动者未正常提供劳动的，应当遵守用人单位关于休假的审批规定，如实告知用人单位休假原因，并按照病假、事假、年休假、产假等不同类别，严格履行休假审批手续。

2. 恪守公序良俗原则。劳动者在充分享有劳动权利的同时，应当遵守劳动纪律和职业道德，遵守社会公德，不得损害社会公共利益。劳动者按照用人单位的工作时间要求到岗工作是一般社会公众知悉并应严格遵守的一项劳动纪律，即便劳动规章制度未规定旷工的法律后果，劳动者亦应遵守该项社会公众认可并接受的劳动纪律。劳动者无正当理由未向用人单位请假即私自离岗，或向用人单位请假但未获批准的情况下仍不到岗工作，应属旷工。旷工时间较长的，应属严重违反劳动纪律，用人单位据此可以采取适当的处罚措施。

3. 留存证据，防范诉讼风险。对于工作性质不需要坐班的劳动者，特别是在用人单位与劳动者已经存在一些矛盾的情况下，劳动者一方作为弱势群体，举证能力往往不足，尤其应当注意留存证据，防止用人单位以“旷工”为由解除劳动合同。（1）正常提供劳动的，如因出差、出外勤等原因未能到岗，可以留存出差、出外勤审批手续，与用人单位和客户的联系记录、业绩证明材料、花销证明、交通及食宿票据等。另外，劳动者如有近期的考勤记录，也可以留存，以证明其工作性质不需要坐班，其近期均存在工作时间不到岗而用人单位予以批准的事实。（2）未正常提供劳动的，应留存休假审批手续，告知用人单位相关部门工作人员休假情况的联系记录，以及病假条等证明材料。留存必要的证据，才能形成完整证据链条，以应对将来可能发生的劳动争议诉讼。

（二）用人单位用工管理指引

旷工解除劳动合同，用人单位如何避免“踩雷”呢？即用人单位如何避免由于解除劳动合同不合法而需承担违法解除劳动合同赔偿金或继续履行劳动合同的后果。用人单位以劳动者旷工为由解除劳动合同，即劳动者违反了用人单位的考勤管理制度，应当属于用人单位以劳动者严重违反用人单位的规章制度为由解除劳动合同的情形。此时需同时满足上文提到的规章制度合法、劳动者行为严重、用人单位按照规章制度处理三个要件。

1. 考勤管理制度内容及程序合法。内容合法，即该制度不得违反法律、行政法规、地方性法规、地方政府规章和政策规定；程序合法，包括制定程序和告知程序均应合法。制定程序方面，该制度应当经职工代表大会或者全体职工讨论，提出方案和意见，与工会或者职工代表平等协商确定。告知程序方面，用人单位应当将直接涉及劳动者切身利益的考勤管理制度和重大事项决定公示，或者告知劳动者。用人单位亦应注意留存相关证据，以防范诉讼风险。

2. 劳动者违反考勤管理制度的程度严重。解除劳动合同作为对劳动者最严厉的处罚，应与其行为、影响等具体因素相适应。即使双方签署的员工手册或考勤管理制度等文件中有考勤的相关规定，对于劳动者的惩戒也应当依照实际情况、损害后果、事后表现等酌情处理。作为前提，考勤制度应当合理，不宜过于严苛。司法实践中，应当根据用人单位和劳动者的具体情况进行判断，用人单位制定的考勤管理制度应当符合一般人的认知。劳动者旷工的事实客观存在，要求用人单位日常考勤应当切实按照考勤管理制度严格执行，且用人单位能够证明劳动者存在旷工事实。劳动者旷工行为严重，例如旷工时间较长、故意处于失联状态等，严重影响用人单位相关工作的正常开展，造成不良影响，甚至造成用人单位损失。对于轻微违反考勤制度的行为，则不宜直接解除劳动合同，否则用人单位将承担较高的败诉风险。

3. 对违反者依法、依规处理。用人单位制定规章制度用于规范员工管理，属于企业自主管理权范畴，但该权利的行使不得与现行法律、法规相悖，即用人单位制定的考勤管理制度应具有合法性；同时，劳动关系作为劳动者和用人单位双方具有人身依附性的长期关系，用人单位制定的考勤管理制度亦应具有合理性，防止双方产生矛盾而不利于日常工作的开展。在符合上述考勤管理制度内容、程序合法以及劳动者违反考勤管理制度的程度严重两个要件时，用人单位应当严格依照考勤管理制度规定的内容和程序对劳动者进行处理。用人单位解除劳动合同应履行必要的程序，包括征求工会的意见并允许劳动者申辩，将解除劳动合同决定送达劳动者等。

另外，为防止出现“一刀切”而导致处罚不当问题，建议用人单位在制定考勤管理制度时，对外勤人员和坐班人员实行分类管理，根据类别制定不同的考勤管理办法，并将各岗位适用哪种考勤管理予以明确。为防止出现“处罚过当”问题，建议用人单位根据旷工程度制定不同级别的处罚措施，在劳动者仅有轻微违反情节时，可以通过警告等方式予以处罚，对于累积警告多次的，才可依程度予以解除。

案例四

无过失性辞退

——用人单位滥用无过失性辞退条款构成违法

张洁[①]

案情回顾

（一）公司调整组织架构，被辞退员工索要赔偿金

吕佳佳是贝壳公司的员工，双方于 2016 年 4 月 5 日签订了为期三年的劳动合同，约定吕佳佳担任市场部市场经理职务，月基本工资为 10000 元。

2018 年 6 月 27 日，贝壳公司向员工发送主题为“公司组织架构变更通知”的电子邮件，表示因公司客观经营情况发生变化，根据公司实际经营需要，公司决议取消市场部，原市场部人员并入销售部，负责上海区域市场项目销售工作。2018 年 6 月 29 日，贝壳公司向吕佳佳出具《调岗通知书》，通知吕佳佳的工作岗位调整为上海区域销售，并要求吕佳佳在 2 个工作日内到新岗位报到。吕佳佳认为，贝壳公司对新岗位职责、级别、汇报链、薪资结构、福利待遇以及绩效考核标准等情况未作实质性答复，表示不接受转岗。

2018 年 7 月 16 日，贝壳公司再次向吕佳佳送达《调岗通知书》，载明吕佳佳调整后的岗位薪资为 6000 元加业绩提成。吕佳佳收到后，认为公司仍未明确调岗后的薪资情况，未明确告知提成计算方法，所以仍不接受转岗，要求贝壳公司进一步说明。

2018 年 7 月 20 日，贝壳公司向吕佳佳出具《解除劳动合同通知书》，内容为：“因签订劳动合同时的客观情况发生重大变化，受外部市场环境影响，公司正常的市场宣传和策划等行为已无法正常开展，与吕佳佳沟通调岗事宜

① 北京市第二中级人民法院民五庭法官。

亦被拒绝”，故决定与吕佳佳解除劳动关系。

吕佳佳不同意，提起劳动仲裁申请，要求贝壳公司支付违法解除劳动合同赔偿金 80000 元。劳动仲裁委员会支持了吕佳佳的仲裁请求。贝壳公司不服，起诉至法院，请求判决其公司无须支付吕佳佳赔偿金。

诉讼中，贝壳公司称，其公司是 Z 公司在中国的代理经销商，由于 Z 公司在英国涉及侵权，故 Z 公司向贝壳公司发函，表示贝壳公司使用的商标侵权，要求停止相关的市场推广及宣传活动，在此情况下，贝壳公司撤销了市场部及市场经理岗位，后续仅是将库存产品销售完毕，导致贝壳公司和吕佳佳签订劳动合同时的客观情况发生了重大变化，贝壳公司在日常工作中向包括吕佳佳在内的员工说起过公司销售的产品商标侵权，会对公司经营造成影响，只是没有形成正式的会议纪要或者文件。贝壳公司提交了 2018 年 4 月 3 日 Z 公司向其公司出具的告知函为证。吕佳佳对此不予认可，称贝壳公司的市场活动并没有停止，仅是换了一个品牌继续进行市场宣传。

吕佳佳提交了以下证据：1. 2018 年 9 月开始贝壳公司发布的招聘信息截图，证明在双方劳动关系解除后贝壳公司仍在招聘市场策划和市场专员；2. 2018 年 6 月 26 日的贝壳公司员工会议录音，证明当时贝壳公司告知大家市场部取消的原因是公司亏损，并不是品牌侵权，也没有提到吕佳佳具体如何安置；3. 2018 年 4 月至 2018 年 6 月期间贝壳公司微信公众号发布的文章，以及吕佳佳与贝壳公司总经理的微信聊天记录，证明贝壳公司除了贝壳品牌产品之外，还有珊瑚和海螺两个品牌，2018 年 4 月至 6 月期间贝壳公司都在对珊瑚和海螺两个品牌进行线上和线下的市场推广活动，吕佳佳作为公司微信公众号的维护人员，在发布相关文章之前都得到了公司总经理的许可。贝壳公司认可上述证据的真实性。

（二）法院审理结果

一审法院认为，根据法院查明的事实，首先，在贝壳公司所称 Z 公司向其出具涉及产品侵权的告知函之后的 2018 年 4 月至 2018 年 6 月期间，吕佳佳仍然就贝壳公司销售的珊瑚和海螺两个品牌的产品进行线上和线下的市场推广活动，均获得公司总经理的许可；其次，员工会议录音显示，贝壳公司虽然表示市场部组织结构进行调整，取消市场部，但未明确调整原因是公司客观情况发生了重大变化，且贝壳公司也未提供证据证明向吕佳佳发出《调岗通知书》之前，已经就公司销售的产品涉及侵权，并将导致公司组织架构发生变化，进而影响劳动合同履行的情况，明确告知吕佳佳；最后，贝壳公司发布的招聘信息显示，贝壳公司自 2018 年 9 月开始仍然在招聘市场策划及市场专员，招聘信息中描述的岗位工作内容，与吕佳佳在贝壳公司所从事的市场经理工作相同或类似。综上，贝壳公司所提供的证据并不足以证明双方劳动合同签订时的客观情况发生了重大变化，并足以导致劳动合同无法继续履行。贝壳公司以该理由解除劳动合同并无事实依据，属于违法解除。据此，一审法院判决贝壳公司支付吕佳佳违法解除劳动合同赔偿金 80000 元。

贝壳公司不服，提起上诉。二审法院经审理判决：驳回上诉，维持原判。

（三）本案争议焦点及主要法律问题

本案的争议焦点是：贝壳公司以“签订劳动合同时的客观情况发生重大变化”为由与吕佳佳解除劳动合同，是否具有事实和法律依据，能否构成合法解除。

贝壳公司所主张的解除依据源于《劳动合同法》第四十条第三项，也就是双方在劳动合同期限内，因签订劳动合同时的客观情况发生重大变化，导致劳动合同无法继续履行时，用人单位可以单方解除劳动合同的权利。在此情形下，不要求劳动者有过失，用人单位即可行使单方解除权，故称之为无过失性辞退权。

虽然本案中贝壳公司的主张未能获得法院支持，但还是引起我们对无过失性辞退权的关注和思考。除本案涉及的情形外，还有哪些情形，用人单位可以行使无过失性辞退权？行使权利时需要注意哪些方面？

法理分析

无过失性辞退权，是指基于劳动者非过失的自身原因或基于企业经营状况变化，导致劳动合同不能继续履行时，法律赋予用人单位的单方解除权。

区别于普通的民事合同，劳动合同的履行期限较长，履行过程中可能会出现双方签订合同时未能预料的情况和问题，一种情况是由于劳动者的自身原因，如患病、负伤、不能胜任工作，导致劳动者“有心无力”；无法履行劳动合同；还有一种情况是企业经营状况有变，不能再为劳动者提供合同约定的岗位，导致劳动者“无用武之地”，虽有劳动意愿和能力，但企业已丧失劳动条件。如果双方继续受劳动合同的约束，不仅企业无法获得经营所需的劳动力、导致签订劳动合同的目的无法实现，对劳动者的人力资源也是一种浪费。

因此，除《劳动合同法》第三十九条规定的用人单位在劳动者有过错的情况下可以单方解除劳动合同之外，针对劳动者无过失、但劳动合同客观上无法继续履行的情况，《劳动合同法》第四十条规定了用人单位的另一种单方解除权，即无过失性辞退权。包括三种情况：一是劳动者非因工负伤医疗期满后仍不能提供劳动；二是劳动者不能胜任工作岗位；三是双方签订劳动合同时的客观情况发生重大变化。

（一）以劳动者“非因工负伤医疗期满后不能提供劳动”为由行使无过失性辞退权的要点

《劳动合同法》第四十条第一项规定“劳动者患病或者非因工负伤，在规定的医疗期满后不能从事原工作，也不能从事由用人单位另行安排的工作的”，用人单位可以解除劳动合同。适用此条文的要件如下：

1. 员工有患病、负伤情况，但是非因工。对于因工负伤或者患职业病的员工，劳动关系按照《工伤保险条例》的相关规定处理。

2. 医疗期已满。企业需要计算员工是否在医疗期内，按照《企业职工患病或非因工负伤医疗期规定》，根据企业职工实际参加工作年限和在本单位工作年限，享有3个月到24个月不等的医疗期，员工在医疗期内停止工作治病休息，企业不得解除劳动合同。

3. 员工因患病降低工作能力，严重影响到劳动合同的履行。严重程度为既不能从事原工作，也不能从事由企业另行安排的工作。故企业行使解除权之前，需完成合理的调岗程序。

4. 员工不具有《劳动合同法》第四十二条规定的特殊情形。包括：（1）从事接触职业病危害作业的劳动者未进行离岗前职业健康检查，或者疑似职业病病人在诊断或者医学观察期间的；（2）在本单位患职业病或者因工负伤并被确认丧失或者部分丧失劳动能力的；（3）患病或非因工负伤，在规定的医疗期内的；（4）女职工在孕期、产期、哺乳期的；（5）在本单位连续工作满15年，且距法定退休年龄不足5年的；（6）法律、行政法规规定的其他情形。

分享一个案例。刘萌萌于2017年3月入职大海公司，担任客服，双方签订了为期三年的劳动合同。刘萌萌于2018年2月产女，产假期满后，又遵医嘱休病假3个月。2018年11月1日，大海公司向刘萌萌发出《限期返岗通知书》，要求刘萌萌一周后到岗上班，在此期间不接受任何形式的请假，如不到岗视为旷工。2018年11月6日，刘萌萌向大海公司提交了医院出具的诊断证明和病假条，诊断刘萌萌系抑郁状态，建议休息一个月。大海公司拒绝接收病假条，并于2018年11月12日向刘萌萌出具《解聘通知书》，以刘萌萌累计旷工3天，违反了公司《员工手册》规定为由，决定与刘萌萌解除劳动关系。刘萌萌不服，申请劳动仲裁，劳动仲裁委员会认定大海公司系违法解除劳动合同，裁决大海公司向刘萌萌支付赔偿金。

大海公司觉得很委屈，认为刘萌萌是为照顾孩子而拿抑郁症当幌子“泡病假”，且已经给足了3个月的医疗期，她还要继续请长期病假，工作一拖再拖，难道公司就不能拒绝对这样的员工批假吗？长期不提供劳动，公司就不能辞退她了吗？企业的合法利益如何保障呢？

企业在遇到此类问题时并非没有解决途径，让我们看一下大海公司如何处理才是合法的。

首先，大海公司要认识到，刘萌萌请假时提供了医院出具的诊断证明和病假条，并非无故旷工，大海公司虽主观臆测刘萌萌“没有抑郁症”“泡病假”，但在没有证据推翻病假条的真实性、无证据证明刘萌萌并未患病时，大海公司直接拒绝批假的做法是错误的，未能保障员工为维护个人健康而治病休息的权利。

其次，如大海公司对刘萌萌患病的事实存疑，可以去调查取证，如果证据能够证明刘萌萌虚构事实、隐瞒真相，严重违反公司的规章制度，大海公司可以依据《劳动合同法》第三十九条解除劳动合同。

反之，如果刘萌萌患病及医院出具病假条的事实客观存在，大海公司可以按照《关于贯彻执行〈中华人民共和国劳动法〉若干问题的意见》第三十五条的规定进行处理，具体内容如下：“请长病假的职工在医疗期满后，能从事原工作的，可以继续履行劳动合同；医疗期满后仍不能从事原工作也不能从事由单位另行安排的工作的，由劳动能力鉴定委员会参照工伤与职业病致残程度鉴定标准进行劳动能力鉴定。被鉴定为一至四级的，应当退出劳动岗位，解除劳动关系，办理因病或非因工负伤退休退职手续，享受相应的退休退职待遇；被鉴定为五至十级的，用人单位可以解除劳动合同，并按规定支付经济补偿金和医疗补助费。”

据此，大海公司应先结合刘萌萌的身体状况，将其调整到工作强度、压力较小的岗位。若刘萌萌仍不同意到岗工作，大海公司可申请对刘萌萌进行劳动能力鉴定，按照所评定的劳动能力等级进行处理。若经鉴定，刘萌萌所患疾病并不影响其劳动能力，刘萌萌拒绝到岗，大海公司可以对刘萌萌按旷工处理，达到严重违反公司规章制度的标准，可依照《劳动合同法》第三十九条行使单方解除权。

（二）以劳动者“不能胜任工作”为由行使无过失性辞退权的要点

《劳动合同法》第四十条第二项规定“劳动者不能胜任工作，经过培训或者调整工作岗位，仍不能胜任工作的”，用人单位可以解除劳动合同。

许多企业 HR 说以这条理由解除劳动合同难以操作，常常会被仲裁机构认定为违法解除，究其原因，企业未能提供有效的证据证明员工不能胜任工作占了很大比重。那么企业究竟要如何操作，才能合法合规呢？

首先，企业要建立完善的绩效考核制度。1. 针对不同岗位出台绩效考核规定，所设计的考核目标要合理；考核指标和项目要细致、可量化，以客观为主、主观为辅；考核流程要科学、便于操作；考核结果要明确，能够助于区分劳动者能否胜任工作。2. 制定绩效考核制度需要经过民主程序，所拟方案要提交职工大会充分讨论，吸收劳动者的意见，考核制度确定后，要及时公示，确保每一名员工都知悉。3. 在考核运行阶段，要严格遵照已经制定的制度执行，通过制定计划、目标提醒、结果反馈等流程客观记录员工的工作表现，及时公布绩效考核结果，将结果送达员工签字，并给员工申辩的机会。4. 企业要有证据意识，注意妥善收集保管考核材料。

其次，如企业经过考核确定员工不能胜任工作，应提供培训或进行调岗。关于培训，企业应向员工发出培训通知，写明培训目的、主题和内容；培训要针对员工在绩效考核中不如意的地方进行，要有助于提高员工能力；培训过程中需要员工签到，培训结束后可以设置考试，并出具培训效果反馈表，由员工签字确认。

关于调岗，企业应向员工发出调岗通知，写明调岗原因、新岗位职责、待遇、考核依据等。调整后的岗位要具有合理性，尽量符合员工能力，不能进行侮辱性、惩罚性、刁难性调岗。员工在调整后的岗位工作后，企业可依照规定和流程进行考核，将考核结果及时送达员工签字确认，最终形成员工能否胜任工作岗位的结论。

最后，如经培训或调岗员工仍不能胜任工作，在提前通知工会和员工本人后，企业可解除劳动合同，并及时足额向员工支付补偿金。

（三）以“签订合同时的客观情况发生重大变化”为由行使无过失性辞退权的要点

《劳动合同法》第四十条第三项规定“劳动合同订立时所依据的客观情况发生重大变化，致使劳动合同无法履行，经用人单位与劳动者协商，未能就变更劳动合同内容达成协议的”，用人单位可以解除劳动合同。

企业的经营行为是高度市场化的行为，随着外部市场环境的变幻，企业调整经营策略在所难免。然而，有些企业一旦遇到经营方向变化、组织架构调整、企业效益不佳等情况，就频繁使用“客观情况发生重大变化”的理由来调岗降薪、辞退员工，削减人力成本，这显然是对法律的片面理解。用人单位要依据这条规定行使解除权，需满足以下要件：

1. 劳动合同订立时所依据的客观情况发生了重大变化。这里的“客观情况”指的是什么，法律没有明确规定，但参照原劳动部《关于〈中华人民共和国劳动法〉若干条文的说明》第二十六条规定，“客观情况”是指发生不可抗力或出现致使劳动合同全部或部分条款无法履行的其他情况，如企业迁移、被兼并、企业资产转移等，并且排除《劳动法》第二十七条所列的客观情况。据此，“客观情况”一般理解为企业方面的情况，并且有足以影响企业经营的重大事项。

2. 劳动合同已经不能继续履行。企业的经营发生问题，导致企业无法为劳动者提供劳动合同约定的岗位，劳动合同缺乏继续履行的客观条件。

3. 用人单位与员工进行了充分协商。虽然情况发生重大变化，但并非劳动者方面原因，用人单位不可直接解除劳动合同，而应该先积极与劳动者协商变更劳动合同，结合实际情况，尽可能为劳动者安排与原劳动岗位的性质、工作内容、薪酬待遇等贴近的岗位。如果确实无法协商一致，劳动者不能继续提供劳动，则双方维持劳动关系已无意义。

4. 劳动者不具有《劳动合同法》第四十二条规定的特殊情形。

5. 用人单位履行了提前通知义务。一是提前将解除事由通知工会，接受工会监督。二是提前通知劳动者，或支付代通知金。劳动合同无法继续履行并非劳动者过错导致，用人单位需给劳动者一定的寻找新工作的准备时间或补偿。

知识拓展

经济性裁员与前文所述的“客观情况发生重大变化”情形有相似之处，

都是企业由于经济方面的原因单方解除劳动合同，属于行使无过错性辞退权，但也有显著区别。经济性裁员是一种集体解雇制度，裁减员工的规模、数量较大，往往会产生一定的社会影响。因此，企业适用经济性裁员的条件也更为严格。

根据《劳动合同法》第四十一条规定，经济性裁员的构成要件包括以下内容。

1. 裁员数量达到一定规模。裁减人员二十人以上，或者虽然裁减不足二十人但占企业职工总数百分之十以上的。

2. 具备合理事由。包括：（1）依照企业破产法规定进行重整的；（2）生产经营发生严重困难的；（3）企业转产、重大技术革新或者经营方式调整，经变更劳动合同后，仍需裁减人员的；（4）其他因劳动合同订立时所依据的客观经济情况发生重大变化，致使劳动合同无法履行的。

3. 满足合法程序。用人单位提前30日向工会或者全体职工说明情况，听取工会或者职工的意见后，裁减人员方案经向劳动行政部门报告，可以裁减人员。原劳动部发布的《企业经济性裁减人员规定》第四条做了更细致的规定："用人单位确需裁减人员，应按下列程序进行：（1）提前30日向工会或者全体职工说明情况，并提供有关生产经营状况的资料；（2）提出裁减人员方案，内容包括：被裁减人员名单，裁减时间及实施步骤，符合法律、法规规定和集体合同约定的被裁减人员经济补偿办法；（3）将裁减人员方案征求工会或者全体职工的意见，并对方案进行修改和完善；（4）向当地劳动行政部门报告裁减人员方案以及工会或者全体职工的意见，并听取劳动行政部门的意见；（5）由用人单位正式公布裁减人员方案，与被裁减人员办理解除劳动合同手续，按照有关规定向被裁减人员本人支付经济补偿金，出具裁减人员证明书。"实践中，各地劳动监察部门会有更为具体的程序性要求，用人单位可遵照执行。

4. 依法保障特定员工利益。第一类是"禁止裁减人员"，即具备《劳动合同法》第四十二条规定情形的员工，企业不得依照经济性裁员的规定解除劳动合同。第二类是"优先留用人员"，即企业在进行经济性裁员时，应优先留用下列人员，包括："（1）与本单位订立较长期限的固定期限劳动合同的；（2）与本单位订立无固定期限劳动合同的；（3）家庭无其他就业人员，有需要扶养的老人或者未成年人的。"

普法提示

虽然企业和员工是自愿签订劳动合同，但在用工过程中，双方是管理与被管理的关系，无法做到完全平等，员工在获取信息、参与决策、主张权利方面仍处于相对弱势的地位。因此，在员工无过失的情况下，企业单方解除劳动合同要谨慎为之，防止权利的恣意行使侵害员工的合法权益，也给企业自身带来法律风险。

我们提示企业在行使无过失性辞退权时需注意以下事项：

第一，非不得已而不为。当面临劳动合同难以履行的困境，无论出于员工一方还是企业自身的原因，企业都应以尊重员工、维系劳动关系为首要选择，积极创造条件为继续履行劳动合同做出努力。通过培训、调岗、改变经营策略等确实无法实现合同目的，才可以解除劳动合同。企业在进行经济性裁员时，还应优先考虑变更劳动合同，与员工协商采取调岗、降薪等代替措施，尽量减少裁员数量。如果发生劳动争议，企业一方提供的证据要能够体现出行使辞退权是不得已的选择。

第二，事由正当合法。企业必须要有合法事由，并有充分证据证明其权利行使的正当性。企业行使无过错性辞退权的事由必须严格依照法律规定，不可任意变通和扩张适用。尤其注意，企业管理者在评定员工"不能胜任工作"时不可肆意、随性，不能把对员工的主观评判代替对客观情况的考量。

第三，程序完善。企业行使无过失性辞退权，必须严格履行所有法定程序，在过程中要与员工平等沟通，确保在做出解除行为之前依法完成培训或调岗、通知工会、通知员工等程序。

企业进行经济性裁员的，还要如实向员工说明企业的经营状况，制定裁员方案时要与工会或员工平等协商，及时将裁员原因、裁员范围、减少裁员的措施、经济补偿标准、进度安排等告知员工，充分听取工会意见，形成兼顾双方利益的最优裁员方案，最大限度减少裁员阻力。同时，为保障生产经营秩序稳定、确保裁员程序的合法合规，企业应及时向政府部门报告，服从政府的合理指导和干预，妥善完成经济性裁员的进程。

第四，依法及时担责。企业遇到困境，在依法“减负”的同时，不应忘记应承担的社会责任。一是依法保障特定职工权利，不得对《劳动合同法》第四十二条规定情形的劳动者行使无过失性辞退权。二是在进行经济性裁员时，要依法优先留用特定人员，并且当经营状况好转重新招聘时，同等条件下优先招用被裁减的人员。三是及时将经济补偿金支付到位，既是遵守法律，也是企业表达对失业者的关怀和诚意。

案例五 劳动合同的终止

——孕期女职工的劳动合同到期后应顺延

王琳琳[①]

案情回顾

（一）孕期女职工劳动合同到期后"被离职"

文慧慧是一位年轻的服装设计师，在时尚服装公司担任服装设计师一职已有三年，双方合作融洽。2017年年初，劳动合同到期后，双方又续签了一份期限为2017年2月1日至2018年1月31日的劳动合同。2017年6月，文慧慧惊喜地发现自己怀孕了，但怀孕的不适让文慧慧无法兼顾设计工作，根据医嘱，文慧慧向公司请假并卧床休息。

2018年3月12日，文慧慧诞下了一个宝宝，成为一名母亲。孩子的出生让文慧慧幸福不已，但喜悦的心情很快又被公司工作的事宜所冲淡。时尚服装公司告知文慧慧，因其未能按公司要求在劳动合同到期前去往公司进行续签，故双方劳动合同已于2018年1月31日到期终止。文慧慧认为自己劳动权利受到损害，与公司亦无法协商一致，只好运用法律的武器来捍卫自己的权利，遂向劳动仲裁委员会申请仲裁，要求公司继续履行与她的劳动合同。劳动仲裁委员会驳回了文慧慧的仲裁申请。文慧慧不服仲裁裁决结果，向一审法院提起诉讼。

（二）法院审理结果

一审法院经审理认为，关于双方是否应继续履行劳动合同的问题，文慧慧的劳动合同终止日期为2018年1月31日，但其2017年6月怀孕，

---

① 北京市第二中级人民法院民五庭法官助理。

2018 年 3 月 12 日生产。根据《劳动合同法》第四十二条、第四十五条的规定，女职工在孕期、产期、哺乳期的，用人单位不得依据本法第四十条、第四十一条的规定解除劳动合同。劳动合同期满，有本法第四十条规定情形之一的，劳动合同应当顺延至相应的情形消失时终止。因此，对时尚服装公司关于文慧慧不续签劳动合同，视为放弃劳动关系的主张，没有法律依据，法院不予采信。双方于 2017 年 2 月 1 日签订的劳动合同应顺延至文慧慧哺乳期满，即 2019 年 3 月 11 日。时尚服装公司不服一审法院判决，提起上诉。二审法院驳回了公司的上诉请求，维持原判。

（三）本案争议焦点及主要法律问题

文慧慧与时尚服装公司争议的焦点在于劳动合同在女职工怀孕期间到期，双方未能及时续签，劳动关系是否自动终止。双方对上述争议焦点的认识存在较大分歧。时尚服装公司认为劳动合同到期后未能续签的，双方的劳动关系自动解除。但文慧慧则认为劳动合同到期日正值其生产前夕，考虑到怀孕待产的特殊情况，即便没有续签劳动合同，双方劳动关系也应自动延续。

劳动关系的认定是劳动争议案件的基础。劳动者向用人单位主张劳动报酬、缴纳社会保险等各项权利都应以双方存在劳动关系为前提。本案中，文慧慧向时尚服装公司提起继续履行劳动合同的诉讼请求，若得到支持，时尚服装公司应当向文慧慧支付后续劳动关系存续期间的劳动报酬等权益。因此，劳动关系及存续期间的认定成为本案的关键。

法理分析

（一）理论辨析：劳动关系的概述

劳动关系，是指劳动者与用人单位之间为实现劳动过程而发生的劳动力与生产资料相结合的社会关系。[①] 劳动关系与其他民事法律关系具有不同的

① 董保华：《劳动法论》，世界图书出版公司 1998 年版，第 39–41 页。

法律特征。首先，劳动关系具有隶属性。劳动者接受用人单位管理，从事用人单位安排的有报酬的劳动，遵守用人单位的规章制度。其次，劳动关系具有人身性。劳动者需要为用人单位提供劳动力，这与劳动者人身具有不可分割的特性。最后，劳动关系具有财产性。劳动者通过自身的劳动，换取用人单位支付的劳动报酬。一般情况下，劳动者应与用人单位签订劳动合同。劳动合同系用人单位与劳动者就工作岗位、工资待遇、工作期限等达成的合意，约定了双方当事人的权利和义务。用人单位与劳动者建立劳动关系的订立、履行、变更、解除或者终止劳动合同的过程，构成了劳动关系的“动态链”。

从劳动合同期限上看，用人单位与劳动者签订的劳动合同可以分为固定期限劳动合同和无固定期限劳动合同。前者是指用人单位与劳动者约定合同终止时间的劳动合同，后者是指用人单位与劳动者约定无确定终止时间的劳动合同。

例如，本案中，文慧慧与时尚服装公司签订的劳动合同约定劳动合同期限从2017年2月1日至2018年1月31日，这就属于固定期限劳动合同。文慧慧工作至2018年1月31日，双方劳动关系即终止，文慧慧可以选择与公司续签劳动合同或寻找新的用人单位。对于用人单位与劳动者签订无固定期限劳动合同，需满足《劳动合同法》第十四条规定的相关情况，例如，劳动者在该用人单位连续工作满十年；已续订二次固定期限劳动合同，且劳动者没有《劳动合同法》第三十九条和第四十条第一项、第二项规定的情形，第三次续订劳动合同等情形。

回到本案，文慧慧与时尚服装公司的劳动争议焦点始终围绕着劳动合同的终止。关于劳动合同终止的情形，《劳动合同法》第四十四条作出了详细规定。劳动合同终止的情形包括劳动者方面原因，如劳动合同期满、劳动者开始依法享受基本养老保险待遇、劳动者死亡或者被人民法院宣告死亡或者宣告失踪的；用人单位方面原因，如用人单位被依法宣告破产、被吊销营业执照、责令关闭、撤销或者用人单位决定提前解散。

根据上文所述，劳动合同期满的，劳动合同终止。一般而言，文慧慧与时尚服装公司的劳动合同于2018年1月31日到期，若双方未续订劳动合同的，则双方劳动合同到期终止。但是，一、二审法院均没有支持公司主张的原因，在于本案中文慧慧正处于孕期的特殊情况。这就不得不提到我国法律对女职工的特殊保护了。《劳动合同法》第四十五条规定，女职工在孕期、产期、哺乳期，劳动合同期满的，劳动合同应当续延至相应的情形消失时终止。文慧慧的劳动合同虽然于2018年1月31日到期，但根据上述规定，双方签订的劳动合同应顺延至文慧慧哺乳期满，即2019年3月11日。因此，时尚服装公司与文慧慧终止劳动合同的做法违反了《劳动合同法》第四十五条的规定，应当承担相应的法律责任。

文慧慧只是众多女性员工的缩影。现代社会，越来越多的女性步入职场，在各自的领域内大展拳脚，顶起半边天。在男女平等已成为主流价值观的背景下，女性的生理特殊性也不应忽视。其中，对三期女职工的权益保护更是重要内容。

（二）立法沿革：三期女职工权益保护的法律规定

新中国成立后，我国开始对用人单位用人用工情况及劳动者权益进行规定。我国在制定相应法律法规时，就考虑到对女职工的特殊保护。1953年1月2日发布的《劳动保险条例》中就有关于女工人、女职员生育待遇的规定。1955年4月26日又发布了《国务院关于女工作人员生产假期的通知》。直到1988年9月1日，《女职工劳动保护规定》取代了之前较为零散的法律法规，系统性地就女职工劳动权益进行了规定。1992年10月1日实施的《妇女权益保障法》为妇女权益提供了全方位的保障。这部法律涉及妇女政治权利、文化教育权益、劳动权益、婚姻家庭权益等多方面。在劳动权益一章，就规定了妇女在经期、孕期、产期、哺乳期受特殊保护。这部法律为日后女职工权益保护法律法规的制定奠定了基础。

2012年4月28日，《女职工劳动保护特别规定》生效实施，《女职工劳动保护规定》同时废止。相较于1988年制定的《女职工劳动保护规定》，2012年生效实施的《女职工劳动保护特别规定》进一步提高了三期女职工享有的劳动权益。例如，女职工产假由90天增加到98天；对女职工怀孕流产的产假天数予以明确，以此避免用人单位自主权导致的女职工权益受损[①]；增加生育津贴[②]。国家对三期女职工的权益保护日益增加，这也被中国法学会专门写入《中国法治建设年度报告（2012）》中。可见，女职工权益保护问题越来越受到国家的关注与重视。

在专门对用人单位与劳动者权利义务进行规定的《劳动法》与《劳动合同法》中，也有对女职工进行特殊保护的规定。除了文慧慧与时尚服装公司案例涉及的《劳动合同法》第四十五条，《劳动法》第七章专章对“女职工和未成年工特殊保护”进行了规定。例如，不得安排经期、三期女职工从事高体力劳动强度的劳动和孕期禁忌从事的劳动等。《女职工劳动保护特别规定》附录中专门规定了女职工禁忌从事的劳动范围，供用人单位及劳动者参考。

通过回顾上述立法进程，可以看出我国从新中国成立以来就对女职工权益保护格外重视。随着社会进步与社会保障体系的完善，法律法规也进行了相应的更新，为女职工更好地在职场工作提供了有力的法律保障。

知识拓展

（一）劳动合同终止涉及的其他法律问题

文慧慧最终通过法律维权，实现了继续与时尚服装公司履行劳动合同的诉求，保障了自己的合法权益。对于普通劳动者而言，若遇到劳动合同到期终止情形时，又应该注意哪些法律问题呢？

---

① 《女职工劳动保护规定》（已失效）第八条：女职工怀孕流产的，其所在单位应当根据医务部门的证明，给予一定时间的产假。《女职工劳动保护特别规定》第七条：女职工怀孕未满 4 个月流产的，享受 15 天产假；怀孕满 4 个月流产的，享受 42 天产假。

② 《女职工劳动保护特别规定》第八条：女职工产假期间的生育津贴，对已经参加生育保险的，按照用人单位上年度职工月平均工资的标准由生育保险基金支付；对未参加生育保险的，按照女职工产假前工资的标准由用人单位支付。女职工生育或者流产的医疗费用，按照生育保险规定的项目和标准，对已经参加生育保险的，由生育保险基金支付；对未参加生育保险的，由用人单位支付。

劳动合同到期终止，劳动者与用人单位不再续签劳动合同的，应注意以下法律问题：

第一，劳动者有权要求用人单位出具终止劳动合同证明，协助办理离职及工作交接手续，并在 15 日内为劳动者办理档案和社会保险关系转移手续。

第二，特定情形下，劳动者有权要求用人单位支付经济补偿金或经济赔偿金。因劳动合同到期终止的，除用人单位维持或者提高劳动合同约定条件续订劳动合同，劳动者不同意续订的情形外，用人单位应向劳动者支付经济补偿金。此外，对于因用人单位被依法宣告破产、被吊销营业执照、责令关闭、撤销或者用人单位决定提前解散导致劳动合同终止的，用人单位也应在办结工作交接时支付经济补偿金。若用人单位违反法律规定终止劳动合同，劳动者可要求继续履行劳动合同。劳动者不要求继续履行劳动合同或者劳动合同已经不能继续履行的，用人单位应当向劳动者支付赔偿金。

第三，劳动者应遵守保密义务及竞业限制义务。对于一些特殊行业的用人单位，如高新技术企业、金融证券公司等，双方在签订劳动合同时，往往会涉及保密及竞业限制条款。保密条款要求劳动者需保守用人单位的商业秘密和与知识产权相关的保密事项。竞业限制条款要求劳动者，尤其是用人单位的高级管理人员、高级技术人员和其他负有保密义务的人员，在终止劳动合同后，不得入职与本单位生产或者经营同类产品、从事同类业务的有竞争关系的其他用人单位，或者自己开业生产或者经营同类产品、从事同类业务。对于要遵守竞业限制义务的劳动者，法律亦规定了用人单位在竞业限制期限内按月给予劳动者经济补偿，以保障劳动者的基本生活需求。若劳动者违反竞业限制约定，应当按照约定向用人单位支付违约金。

劳动合同到期终止，劳动者与用人单位选择续签劳动合同的，应注意以下法律问题：

续签劳动合同和签订新劳动合同一样，劳动者和用人单位可以就劳动合同中的条款重新进行协商。在续签劳动合同过程中，需要注意自己是否满足《劳动合同法》第十四条规定的与用人单位签订无固定期限劳动合同的情形。符合条件的，除劳动者提出订立固定期限劳动合同外，应当订立无固定期限劳动合同。

（二）女职工权益保护中的性别歧视问题

女职工权益保护，不仅包含上文提到的三期女职工产假、生育津贴、适当的岗位安排及《劳动合同法》第四十五条的规定，还包含针对所有女职工的反就业歧视的规定。

受历史社会分工和传统思想的影响，“男主外，女主内”的思想观念仍然存在。加之女性自身生理因素影响，用人单位在招聘过程中，更倾向于招聘男性求职者。在招聘女性求职者时，用人单位会考虑其是否结婚，是否生育甚至生育二胎等因素，使得女性就业率较低，再就业困难。在入职后的职业发展与晋升中，女职工仍然会受上述因素影响。根据智联招聘发布的《2019中国女性职场现状调查报告》显示，男女职工的平均薪酬差距达23%。在高层管理人员中，男性比例高达81.3%，女性仅占18.7%，女职工上升通道依旧狭窄。在晋升受阻的归因方面，女性选择“处在婚育阶段，被动失去晋升机会”的比例是男性的4.6倍，选择“性别歧视”的比例是男性的10.6倍。可见，生育带给女性的负担依然是企业将女性拒之门外并影响女性晋升的核心原因。2019年2月，人力资源和社会保障部等九部委联合发布的《关于进一步规范招聘行为促进妇女就业的通知》中，亦载明我国妇女就业情况总体较好，但招聘中就业性别歧视现象屡禁不止，对妇女就业带来不利影响。

为了保障就业中的男女平等理念能落实到实处，我国在《妇女权益保障法》中就性别歧视问题进行了专门规定。根据《妇女权益保障法》第二十三条规定，各单位在录用职工时，除不适合妇女的工种或者岗位外，不得以性别为由拒绝录用妇女或者提高对妇女的录用标准。与女职工签订劳动（聘用）合同或者服务协议时，不得规定限制女职工结婚、生育的内容。《关于进一步规范招聘行为促进妇女就业的通知》中明确禁止就业性别歧视行为，例如提高对妇女的录用标准、询问妇女婚育情况、将妊娠测试作为入职体检项目等，并对违反上述规定的用人单位设定了罚款、吊销人力资源服务许可证等法律后果。[1]

可见，我国在女职工权益保护方面日渐完善，为实现男女平等就业、营造男女平等就业市场氛围提供了法律保障。随着男女就业平等观念的深入与相关政策的落实，加上法律为女职工提供的特殊性保护，相信女性职工在日后的职场中能发挥出更强大的力量。

普法提示

本文通过文慧慧与时尚服装公司劳动争议案件，阐述解析了《劳动合同法》第四十五条的规定，提醒用人单位与劳动者建立劳动关系时，应签订劳动合同；劳动合同期满的，劳动合同终止。但若劳动合同期满时，女职工在孕期、产期、哺乳期的，劳动合同应当续延至相应的情形消失时终止，如无流产等特殊情况，应顺延到哺乳期满（孩子满一周岁）为止。以文慧慧与时尚服装公司劳动争议案件为基点，本文延伸讨论了劳动合同终止时涉及的法律问题、我国对三期女职工权益保护的立法进程及现行法律规定，并拓展研究了女职工在职场中面对的就业性别歧视问题。同时，上文论述的劳动法律理论知识，也将为劳动者，尤其是女职工个人如何在职场实践中维护自己的权益打下理论基础。

求职阶段，劳动者有权与用人单位就入职岗位、工作期限、劳动报酬等进行协商。双方若就入职达成一致意见的，劳动者应注意与用人单位签订书面劳动合同。对于女职工在求职阶段，若遇到用人单位存在就业性别歧视的情况，可以按照《关于进一步规范招聘行为促进妇女就业的通知》中的方法，拨打 12333、12338、12351 热线等渠道，对就业性别歧视的用人单位进行举

① 《关于进一步规范招聘行为促进妇女就业的通知》：对用人单位、人力资源服务机构发布含有性别歧视内容招聘信息的，依法责令改正；拒不改正的，处 1 万元以上 5 万元以下的罚款；情节严重的人力资源服务机构，吊销人力资源服务许可证。将用人单位、人力资源服务机构因发布含有性别歧视内容的招聘信息接受行政处罚等情况纳入人力资源市场诚信记录，依法实施失信惩戒。

报投诉，由行政机关对相关用人单位采取谈话、对话、函询等方式，开展调查和调解，督促用人单位限期纠正就业性别歧视行为。

工作期间，用人单位应保障劳动者取得劳动报酬、休息休假、获得劳动安全卫生保护、接受职业技能培训、享受社会保险和福利等各项权利。劳动者亦应注意遵守用人单位的各项规章制度。若劳动者某项劳动权利受到侵害，首先应与用人单位进行协商，以便妥善友好地解决双方纠纷。若双方协商不成，劳动者可以借助行政机关的力量，可以前往劳动监察大队等部门进行投诉，督促用人单位尽快纠正相关违规行为。若双方矛盾进一步激化，可以诉诸法律渠道，通过劳动仲裁及诉讼，定分止争，维护自己的合法权益。

需要强调的是，我国虽然对女职工，尤其是三期女职工提供了倾斜性的保护，但女职工作为用人单位的一名员工，仍应遵守《劳动法》第三条第二款规定的“劳动者应当完成劳动任务，提高职业技能，执行劳动安全卫生规程，遵守劳动纪律和职业道德”。如前文所述，用人单位不得随意解除和终止与三期女职工的劳动合同，但在一些案件中，因三期女职工严重违反用人单位规章制度，用人单位与三期女职工解除劳动合同的行为，被法院认定为合法解除。例如，在一则案件中，一名三期女职工存在多次找人代打卡的行为，违反用人单位《员工手册》及《考勤和假期管理制度》的相关规定，依据《劳动合同法》第三十九条“劳动者有下列情形之一的，用人单位可以解除劳动合同：……（2）严重违反用人单位的规章制度”[①]的规定，用人单位与三期女职工解除劳动关系，并无不妥。根据《劳动合同法》第四十二条规定，用人单位不能依据该法第四十条、第四十一条与三期女职工解除劳动合同，但并未限制用人单位依据该法第三十九条与三期女职工解除劳动关系。可见，“三期”并非女职工的保护伞，女职工在工作中仍应遵守基本的劳动

① 《劳动合同法》第三十九条：劳动者有下列情形之一的，用人单位可以解除劳动合同：（一）在试用期间被证明不符合录用条件的；（二）严重违反用人单位的规章制度的；（三）严重失职，营私舞弊，给用人单位造成重大损害的；（四）劳动者同时与其他用人单位建立劳动关系，对完成本单位的工作任务造成严重影响，或者经用人单位提出，拒不改正的；（五）因本法第二十六条第一款第一项规定的情形致使劳动合同无效的；（六）被依法追究刑事责任的。

纪律与职业素养，遵守用人单位的规章制度，而用人单位也应遵守法律规定，全方位保障女职工合法权益的落实，实现“双赢”。

除了劳动者个人层面外，用人单位作为劳动者权益维护的落实者，在保障劳动者权益，尤其是女职工权益方面，也应有态度、有担当、有作为。用人单位遵守《劳动法》《劳动合同法》等法律法规的规定是基本要求。只有用人单位切实履行自身义务，才能为劳动者，尤其是女职工提供最基本的权益保障。用人单位若想留住高端人才、体现企业责任感、实现更加和谐向上的劳动氛围，可以向劳动者提供更加人性化的关怀。例如，开展经常性的技能培训，让劳动者紧跟企业发展需求，增强竞争能力。对于育有婴幼儿的职工，可以减轻女职工工作量；开辟母婴室等场所，缓解女职工家庭育儿负担，帮助妇女平衡工作与家庭。

平等的就业环境与和谐的劳动关系需要用人单位与劳动者共同经营。同时，在女职工顶起半边天的今天，用人单位不应忽视“她们”的力量。全社会应共同努力，保障女职工合法权益，营造有利于妇女就业的社会环境，让女职工能充分发挥自身优势特长，在各行各业展示聪明才智，实现自身价值。

第四章

劳务派遣、社会保险和纠纷解决

案例一

劳务派遣

——劳务派遣中用工单位与用人单位的责任划分

马卫丰[①]

案情回顾

（一）劳务派遣员工被停缴社保

2012年3月25日，星空公司与银河公司签订《劳务派遣服务协议》，约定由星空公司为银河公司提供劳务派遣用工服务，合同期限自2012年3月25日至2015年3月24日。2012年7月1日，星空公司与吴刚签订劳动合同，约定将吴刚派往银河公司从事文员工作，期限自2012年7月1日至2014年3月31日，月工资1240元。2014年2月起，星空公司停止为吴刚缴纳社保，并停发工资。星空公司称系执行银河公司的指令，银河公司对此予以否认。

2014年2月19日，星空公司按银河公司的指示，给吴刚下达《工作调整通知书》，称因星星品牌撤出中国，致使吴刚的工作岗位无法继续履行，因此星空公司拟自2014年2月24日起对吴刚的工作岗位及内容进行调整。要求吴刚自接到通知起3个工作日给予书面答复并及时到岗报到，逾期视为不同意新的工作安排，构成旷工或不服从公司工作安排等严重违反规章制度的行为，星空公司有权与吴刚解除劳动合同。吴刚收到该邮件后未作回复。吴刚在仲裁阶段主张与星空公司解除劳动合同的理由是星空公司未依法为其缴纳社会保险。

星空公司与银河公司签订的《劳务派遣服务协议》第十三条约定，当期社保结账及付款流程：乙方（星空公司）于每月10日发出当期的付款通知

① 北京市第二中级人民法院民五庭法官助理。

给甲方（银河公司），如果收到账单后甲方有异议，应于1个工作日内提出，如无异议甲方应于当月5个工作日内划款到乙方账上。甲方如有派遣员工变更，只需要在双方约定的各地社保截止变更日期前将任务指示给乙方，则乙方应当执行操作，操作失误由乙方承担责任。一审中，星空公司依据上述约定主张，吴刚的保险及工资由银河公司承担，银河公司未将2014年2月的社保款项支付给星空公司，因而星空公司未给劳动者缴纳社保。银河公司称，星空公司在未征得其同意的情况下，擅自为吴刚停缴社保。

2014年3月11日，吴刚作为申请人，以星空公司和银河公司为被申请人，申请劳动仲裁，请求：1. 解除与被申请人的劳动合同；2. 被申请人支付解除劳动合同经济补偿金15000元；3. 被申请人依法为申请人办理档案和社会保险关系转移手续；4. 两被申请人承担连带责任。2014年5月16日，劳动仲裁委员会裁决：1. 吴刚与星空公司于2014年3月11日解除劳动合同；2. 星空公司支付吴刚解除劳动合同经济补偿金5166.04元；3. 星空公司为吴刚出具解除劳动合同的书面证明，并办理档案和社会保险关系转移手续；4. 驳回吴刚的其他仲裁请求。星空公司不服上述裁定，向一审法院起诉，吴刚及银河公司未起诉。

（二）法院审理结果

星空公司诉称，星空公司与吴刚签订了2012年7月1日至2014年3月31日的劳动合同，星空公司按照合同约定将其派遣至银河公司工作。星星品牌退出中国后，星空公司为吴刚指定了新工作地点，但吴刚未到指定地点上班，已构成旷工，劳动仲裁裁决星空公司支付吴刚经济补偿金错误。银河公司是用工单位，应与星空公司承担连带责任。

银河公司辩称，银河公司与吴刚并不存在劳动关系，吴刚劳动仲裁请求解除劳动合同、支付经济补偿金、办理档案和社会保险关系转移没有法律依据。银河公司在用工过程中不存在违法事由，没有任何过错，不应承担连带责任。劳动仲裁裁决正确，请求法院驳回星空公司的诉讼请求。

一审法院经审理认为，星空公司、银河公司及吴刚三方形成劳务派遣关系，星空公司为用人单位，银河公司为用工单位。星空公司作为用人单位，负有为劳动者缴纳社会保险的法定义务。2014 年 2 月，双方劳动关系尚存，但星空公司已经停止为吴刚缴纳社会保险。用人单位未依法为劳动者缴纳社会保险费的，劳动者可以解除劳动合同，故吴刚要求解除劳动合同的仲裁请求符合法律规定，法院确认双方劳动合同于吴刚申请劳动仲裁之日即 2014 年 3 月 11 日解除，星空公司应支付吴刚经济补偿金。

依据《劳动合同法》第五十条第一款[①]规定，吴刚与星空公司的劳动合同已解除，星空公司应为吴刚办理档案和社会保险关系转移手续，故吴刚的该项仲裁请求，予以支持。

依据《劳动合同法》第九十二条第二款[②]规定，本案中，首先应依法为劳动者缴纳社会保险的主体是星空公司，无论用工单位银河公司是否及时向星空公司支付社保费用，均不能免除星空公司为劳动者缴纳社保的义务；其次，银河公司称星空公司在未征得其同意的情况下，擅自为劳动者停缴社保，而星空公司亦未提交证据证明停缴社保系依据银河公司指示作出，故停缴社保的法律责任应由星空公司承担。星空公司要求银河公司承担连带责任的诉讼请求，缺乏事实与法律依据，法院不予支持。吴刚在仲裁申请中提出的其他仲裁请求，仲裁裁决未予支持，吴刚亦未就此起诉，视为对仲裁裁决的认可。

综上，一审法院判决：1. 确认星空公司与吴刚的劳动合同自 2014 年 3 月 11 日解除；2. 星空公司于本判决生效之日起 10 日内向吴刚支付解除劳动合同的经济补偿金 5166.04 元；3. 星空公司于本判决生效之日起 10 日内为吴刚出具解除劳动合同的书面证明，并办理档案和社会保险关系转移手续；4. 驳回吴刚的其他仲裁请求。星空公司不服，提起上诉。二审法院审理后，驳回上诉，维持原判。

---

① 《劳动合同法》第五十条第一款：用人单位应当在解除或者终止劳动合同时出具解除或者终止劳动合同的证明，并在十五日内为劳动者办理档案和社会保险关系转移手续。

② 《劳动合同法》第九十二条第二款：……用工单位给被派遣劳动者造成损害的，劳务派遣单位与用工单位承担连带赔偿责任。

（三）本案争议焦点及主要法律问题

本案争议焦点为星空公司与银河公司是否应就解除劳动合同的经济补偿金承担连带责任。劳务派遣单位和用工单位之间的责任如何区分，应就哪些事项承担连带责任？这涉及《劳动合同法》第九十二条第二款的理解问题，涉及劳务派遣单位与用工单位的权利义务区分。

法理分析

劳务派遣单位是《劳动合同法》所称的用人单位，应当履行用人单位对劳动者的义务。缴纳社保首先是用人单位的法定义务，劳动者因用人单位未为其依法缴纳社保而提出解除劳动合同的，用人单位应支付经济补偿金，用工单位无须对此承担连带赔偿责任。用工单位对被派遣劳动者造成损害的，劳务派遣单位和用工单位才承担连带赔偿责任。

（一）劳务派遣连带责任的立法沿革

原《劳动合同法》第九十二条规定："劳务派遣单位违反本法规定的，由劳动行政部门和其他有关主管部门责令改正；情节严重的，以每人一千元以上五千元以下的标准处以罚款，并由工商行政管理部门吊销营业执照；给被派遣劳动者造成损害的，劳务派遣单位与用工单位承担连带赔偿责任。"

《劳动合同法实施条例》第三十五条规定："用工单位违反劳动合同法和本条例有关劳务派遣规定的，由劳动行政部门和其他有关主管部门责令改正；情节严重的，以每位被派遣劳动者 1000 元以上 5000 元以下的标准处以罚款；给被派遣劳动者造成损害的，劳务派遣单位和用工单位承担连带赔偿责任。"

原《劳动合同法》第九十二条规定了用工单位对劳动派遣单位给被派遣劳动者造成损失的连带责任；《劳动合同法实施条例》第三十五条规定了劳务派遣单位对用工单位给被派遣劳动者造成损害的连带责任。上述两个条文规定了无论是用工单位还是用人单位哪一方，给被派遣劳动者造成损害的，在劳动法上均应承担连带责任。关于其内部责任具体应如何划分，无明确规定。

但于2013年7月1日起施行的《劳动合同法》第九十二条第二款悄然对此作出了修改。修正后的《劳动合同法》第九十二条第二款规定："劳务派遣单位、用工单位违反本法有关劳务派遣规定的，由劳动行政部门责令限期改正；逾期不改正的，以每人五千元以上一万元以下的标准处以罚款，对劳务派遣单位，吊销其劳务派遣业务经营许可证。用工单位给被派遣劳动者造成损害的，劳务派遣单位与用工单位承担连带赔偿责任。"

修正后的《劳动合同法》第九十二条增加了"用工单位"这个主语，可以说是吸收了《劳动合同法实施条例》的规定，对原九十二条做了悄然修改。

（二）理论辨析

原《劳动合同法》第九十二条借鉴美国的"共同雇主"理论，对用人单位给被派遣劳动者造成损失的，由用工单位与用人单位共同承担连带责任。用工单位与用人单位对外视为一个主体，共同承担责任。但用工单位承担连带责任，缺乏坚实的法理基础。

劳务派遣单位是《劳动合同法》上的"用人单位"，与被派遣劳动者签有劳动合同，应当履行用人单位对劳动者的义务，承担全部、兜底的责任。而在用工单位与劳动者之间没有劳动合同关系，不存在违约的前提下，用工单位只有可能因侵权（如未提供相应的劳动条件，未支付加班工资、奖金等）而对被派遣劳动者承担连带责任。这与修正后的《劳动合同法》从设置行政许可、提高注册资本门槛等方面加大劳务派遣单位的责任是一脉相承的。

修正后的《劳动合同法》提高了劳务派遣公司的注册资本门槛，并对其实施严格的行政许可制度。一方面增强了对劳务派遣单位设立的规制，另一方面也提高了劳务派遣单位的实力和抗风险能力，使其能够负担起对被派遣劳动者的责任，有能力履行劳动法上的义务，能够很好地保护被派遣劳动者的合法权益。

从修正后的《劳动合同法》第九十二条文义上看，只有用工单位给被派遣劳动者造成损害的，劳务派遣单位与用工单位承担连带责任；劳务派遣单位给被派遣劳动者造成损害的，用工单位无须再承担连带责任。

回归到前述案例，星空公司应当按照国家规定和劳务派遣协议约定，依法为吴刚缴纳社会保险，其自2014年2月起先行停止缴纳社保、停发工资的行为是错误的。即使银河公司因星星品牌撤出中国，客观情况发生变化，需与星空公司协商办理退回手续，星空公司也不能停缴社保，在吴刚无工作期间，亦应按照最低工资标准按月发放工资。星空公司后期对吴刚工作岗位和内容进行调整，吴刚未做回复，且不论吴刚的行为是否妥当，星空公司因其在先的停缴社保、停发工资的行为，最终承担了经济补偿金。

知识拓展

劳务派遣是指劳动派遣单位与被派遣劳动者建立劳动关系，并将劳动者派遣到用工单位，被派遣劳动者在用工单位的指挥监督下从事劳动的新型用工形式[①]。劳务派遣的最大特点是劳动关系和用工关系相分离，被派遣的劳动者不与用工单位签订劳动合同，发生劳动关系，而是与劳务派遣单位存在劳动关系，被派遣至用工单位劳动，形成了“有关系没劳动，有劳动没关系”的特殊形态[②]。

劳务派遣不同于标准劳动关系，存在着三个主体，劳务派遣单位、用工单位与劳动者。其中，劳务派遣单位的设立应具备相应条件，经营劳务派遣业务，应当向劳动行政部门依法申请行政许可；未经许可，任何单位和个人不得经营劳务派遣业务。劳务派遣单位应当履行用人单位对劳动者的义务，与被派遣劳动者订立劳动合同，除了应具备普通劳动合同应有的内容之外，还应载明被派遣劳动者的用工单位以及派遣期限、工作岗位等情况。劳务派遣

① 林嘉：《劳动法的原理、体系与问题》，法律出版社2016年版，第229页。

② 吴高盛：《〈中华人民共和国劳动合同法〉条文释义与适用》，人民法院出版社2007年版，第115页。

单位应与被派遣劳动者订立两年以上的固定期限劳动合同，至于连续签订两次固定期限劳动合同后，是否应签订无固定期限劳动合同，则存在一定争议。

对用工单位来说，劳务派遣用工是补充形式，其只能在临时性、辅助性、替代性工作岗位上实施，且应控制总量。用工单位应当履行《劳动合同法》第六十二条[①]规定的义务，维护被派遣劳动者的合法权益，主要是执行国家劳动标准，提供相应劳动条件和劳动保护，支付加班费、绩效奖金，提供与工作岗位相关的福利待遇等。

劳务派遣单位和用工单位的责任区分，可以以《劳动合同法》第六十二条划定的范围为界限，在上述内容之外的，因劳务派遣单位的过错造成劳动者损失的，用工单位无须承担连带责任。比如，未签订劳动合同、未依法缴纳社保、违法解除劳动合同等。劳务派遣单位与用工单位之间内部的权利义务分配，应以双方平等签订的劳务派遣协议内容为准。

需要指出的是，劳务派遣单位与用工单位需共同保护被派遣劳动者的合法权益，尤其是在职业安全保护方面。劳务派遣单位应当督促用工单位提供必要的劳动条件和劳动保护，用工单位应对被派遣劳动者进行包括安全生产规章制度和操作规程等在内的岗前培训。如被派遣劳动者在用工单位因工作遭受事故伤害的，劳务派遣单位应当依法申请工伤认定，用工单位应当协助工伤认定的调查核实工作，由劳务派遣单位承担工伤保险责任，但劳务派遣单位可以与用工单位约定补偿办法。被派遣劳动者在申请进行职业病诊断、鉴定时，应由用工单位负责，劳务派遣单位予以必要协助。被派遣劳动者被认定为工伤的，应由劳务派遣单位与用工单位承担连带责任。

本案还可能涉及劳务派遣中的退回问题。因星星品牌撤出中国，吴刚的工作岗位无法继续履行，星空公司通知对吴刚的工作岗位和内容进行调整。

---

① 《劳动合同法》第六十二条：用工单位应当履行下列义务：（一）执行国家劳动标准，提供相应的劳动条件和劳动保护；（二）告知被派遣劳动者的工作要求和劳动报酬；（三）支付加班费、绩效奖金，提供与工作岗位相关的福利待遇；（四）对在岗被派遣劳动者进行工作岗位所必需的培训；（五）连续用工的，实行正常的工资调整机制。用工单位不得将被派遣劳动者再派遣到其他用人单位。

工作岗位系劳务派遣单位与劳动者签订的劳动合同、劳务派遣单位与用工单位签订的劳务派遣协议的重要内容。如工作岗位发生变化，则需三方重新进行协商。如协商不一致，则产生退回问题。

《劳动合同法》第六十五条第二款[①]对退回问题进行了初步规定，在此种情形下，劳务派遣单位可以与被派遣劳动者解除劳动合同。但本案事实更接近于《劳动合同法》第四十条第三项规定的“劳动合同订立时所依据的客观情况发生重大变化，致使劳动合同无法履行”。《劳动合同法》未规定此情形下劳务派遣单位可以退回。

《劳务派遣暂行规定》第十二条、第十三条、第十五条、第二十四条则对退回问题进行了进一步补充规定。上述第十二条规定，用工单位有《劳动合同法》第四十条第三项规定情形的，可以将被派遣劳动者退回劳务派遣单位。但是需要注意的是，用工单位退回后，劳务派遣单位不得据此解除劳动合同，而应当继续履行劳动合同，重新将劳动者派遣出去，在被派遣劳动者退回后在无工作期间，应当按照不低于最低工资标准，向其按月支付报酬。

用工单位不可无正当理由随意退回被派遣劳动者，劳务派遣单位亦不可随意解除劳动合同。《劳务派遣暂行规定》第二十四条规定，用工单位违反本规定退回被派遣劳动者的，按照《劳动合同法》第九十二条第二款规定执行，也即给被派遣劳动者造成损害的，劳务派遣单位与用工单位承担连带赔偿责任。

普法提示

与传统的用工方式相比，劳务派遣能够满足用人单位灵活用工的需求，因此得到了广泛的应用，但是劳务派遣特殊的三方构造也容易被一些用人单位利用来逃避法律义务，损害劳动者的权益[②]。

---

① 《劳动合同法》第六十五条第二款：被派遣劳动者有本法第三十九条和第四十条第一项、第二项规定情形的，用工单位可以将劳动者退回劳务派遣单位，劳务派遣单位依照本法有关规定，可以与劳动者解除劳动合同。

② 林嘉：《劳动法的原理、体系与问题》，法律出版社 2016 年版，第 230 页。

（一）劳务派遣单位应注意哪些？

经营劳务派遣业务，应当向劳动行政部门依法申请行政许可，未经许可，不得经营劳务派遣业务。不得以承揽、外包等名义，按劳务派遣用工形式使用劳动者。如擅自经营劳务派遣业务，除被责令停止违法行为，没收违法所得外，还会被并处违法所得一倍以上五倍以下的罚款；没有违法所得的，也可能被处五万元以下的罚款。

劳务派遣单位是用人单位，应全面保障劳动者的合法权益，与被派遣劳动者签订两年以上的固定期限劳动合同，按月支付劳动报酬；被派遣劳动者退回后在无工作期间，劳务派遣单位应当按照不低于所在地人民政府规定的最低工资标准，向其按月支付报酬；依法为劳动者缴纳社会保险，被派遣劳动者在用工单位因工作遭受事故伤害的，劳务派遣单位应当依法申请工伤认定，依法承担工伤保险责任。同时，劳务派遣单位不得随意、违法解除劳动合同。另外，用工单位给被派遣劳动者权益造成损害的，劳务派遣单位应承担连带赔偿责任，故其应及时督促用工单位依法保障劳动者合法权益。若与用工单位因履行劳务派遣协议产生纠纷，应及时固定证据，依法提起民事诉讼。

（二）用工单位应注意哪些？

用工单位应当严格控制劳务派遣用工数量，使用的被派遣劳动者数量不得超过其用工总量的10%。并且用工单位只能在临时性、辅助性或者替代性岗位上使用劳务派遣人员。其中，临时性工作岗位是指存续时间不超过6个月的岗位；辅助性工作岗位是指为主营业务岗位提供服务的非主营业务岗位，用工单位决定使用被派遣劳动者的辅助性岗位，应当经职工代表大会或者全体职工讨论，提出方案和意见，与工会或者职工代表平等协商确定，并在用工单位内公示；替代性工作岗位是指用工单位的劳动者因脱产学习、休假等原因无法工作的一定期间内，可以由其他劳动者替代工作的岗位。用工单位应当严格按照《劳动合同法》第六十二条的规定，执行国家劳动标准，提供劳动条件和劳动保护，支付加班费、绩效奖金，提供与工作岗位相关的福利待遇，并按照同工同酬的原则制定劳动报酬分配办法。

案例二

涉外用工

——外国企业常驻代表机构用工需经劳务派遣

韩郭玲[①]

案情回顾

（一）派遣员工离职后主张权利

随着全球化进程的不断推进，已有多家外企在中国境内开设代表处。由于代表处的机构并不完善，人力也并不充足，大多并不是由自身来招募员工，而是与劳务派遣公司合作，通过派遣的方式招兵买马，劳动争议随之而来。

俞星星与外企服务公司签订劳动合同后被派遣至新加坡公司北京代表处（以下简称北京代表处）工作。俞星星在工作过程中控制不住自己的脾气，经常与同事发生冲突。后来，北京代表处向俞星星发出通知函，停止他的工作，额外支付他一个月工资。后俞星星办理离职手续，签订了北京代表处打印的辞职书，辞职书内容为向外企服务公司表示因个人原因解除劳动关系。

审理过程中，俞星星主张辞职书是其受胁迫签署；且北京代表处无权让他签署给外企服务公司的辞职书，他也没有委托北京代表处将辞职书交给外企服务公司；他与北京代表处、外企服务公司未协商一致解除劳动合同，诉求两公司支付其经济赔偿金。北京代表处主张辞职书是俞星星自愿签署，后北京代表处将辞职书交给外企服务公司，外企服务公司与俞星星解除劳动合同。

（二）法院审理结果

一审法院经审理认为，俞星星与外企服务公司存在劳动关系，与北京代

① 北京市第二中级人民法院民五庭法官助理。

表处为劳务派遣关系。外企服务公司并未作出过与俞星星解除劳动关系的意思表示，亦未与俞星星协商过解除劳动合同，俞星星要求支付解除劳动关系的赔偿金于法无据，一审法院判决驳回俞星星的诉讼请求。

二审中，俞星星坚持主张北京代表处应支付其相应补偿，将诉求变更为支付经济补偿金。他提交了北京代表处出具的离职证明，北京代表处在离职证明上载明双方劳动合同解除，故属于误导俞星星让其认为俞星星是与北京代表处之间存在劳动关系，劳动关系是北京代表处与俞星星解除的，故应支付相应补偿。北京代表处主张俞星星先提出离职，故公司给其开具离职证明，离职证明上的劳动合同终止是固定格式。

二审法院经审理认为，俞星星二审中主张变更诉讼请求为要求解除劳动关系经济补偿金，经法庭询问两公司均不同意支付经济补偿金，且俞星星要求变更诉讼请求的要求缺乏法律依据，不予准许。北京代表处作为用工单位无法单独与俞星星解除劳动关系，在外企服务公司未主动解除俞星星劳动关系的情况下，俞星星主动签署个人原因辞职书，应对自己的行为承担相应后果。一审法院认定两公司不存在违法解除劳动关系的情形并无不当，予以维持。

本案为劳务派遣公司派遣员工至外国公司在华代表处的过程中产生的纠纷，涉及劳动关系的建立、劳动关系的主体、劳动关系的解除等多项问题。

法理分析

（一）劳动关系主体

在劳动争议案件中，确认劳动关系的主体是基本问题，以此为基础才可主张劳动关系项下抑或劳务关系项下的相应权利。故需要结合劳动关系的特征来确认劳动关系主体，以此为基础梳理清楚法律关系。

根据《劳动合同法》第五十八条、第五十九条规定，劳务派遣单位是本法所称用人单位，应当履行用人单位对劳动者的义务。劳务派遣单位派遣劳动者应当与接受以劳务派遣形式用工的单位（以下称用工单位）订立劳务派遣协议。故在劳务派遣关系中，存在用人单位、用工单位与劳动者三方主体。实际用工单位与签订劳动合同的单位存在一定意义上的分离。

具体到本案中，俞星星的工作方式即为劳务派遣，其日常工作单位为北京代表处，与之签订劳动合同的单位为外企服务公司。在俞星星、北京代表处和外企服务公司的三方关系中，俞星星为劳动者、北京代表处为用工单位、外企服务公司为用人单位。在三方没有重新签订相应协议的情况下，应以劳动合同的签订主体确认劳动关系，即外企服务公司作为用人单位，与俞星星存在劳动关系，北京代表处作为用工单位，与俞星星之间系劳务派遣的用工关系。

所以，在双方不存在劳动关系的情况下，俞星星以北京代表处为对象主张劳动关系项下的权利是无法得到支持的。

（二）劳动关系的解除

俞星星认为，北京代表处辞退俞星星在前，故应当认定北京代表处违法解除劳动关系。与第一个问题相结合，北京代表处向俞星星发出通知函终止他的工作，因北京代表处不是劳动关系的主体，所以此行为仅发生解除双方劳务关系的效力，但作为劳动合同订立主体的外企服务公司并未主动与俞星星解除劳动关系。俞星星与外企服务公司的劳动合同未解除，俞星星被退回外企服务公司后仍可与该公司继续履行劳动合同，用人单位也应当依据《劳动合同法》第二十九条的规定，全面履行劳动合同约定的义务。

但是，俞星星签署的辞职书直接导致了其与外企服务公司劳动合同的解除，依据现有证据，本案中劳动关系的解除系因劳动者主动提出，即俞星星写的辞职信产生了解除双方劳动关系的效果，不属于用人单位违法解除劳动合同的情形。

虽辞职书由北京代表处打印欠妥，但俞星星作为具有完全民事行为能力的自然人，且无证据证明存在胁迫等情形，所以该行为具有法律效力。

知识拓展

（一）外国企业常驻代表机构用工的规定

根据《外国企业常驻代表机构登记管理条例》第二条规定，外国企业常驻代表机构是指外国企业依照规定，在中国境内设立的从事与该外国企业业务有关的非营利性活动的办事机构，代表机构不具有法人资格。正因为代表机构特殊的性质和法律地位，所以其在中国境内开展活动均有特殊的规定。

在劳动用工方面，根据《中华人民共和国国务院关于管理外国企业常驻代表机构的暂行规定》第十一条，代表机构聘请工作人员，应当委托当地外事服务单位或者中国政府指定的其他单位办理。根据上述规定，代表机构在中国境内的用工，通过外事服务单位聘请成为必然，相应地，代表机构用工与劳务派遣自然也有了千丝万缕的联系。

（二）劳务派遣许可制度及涉外劳务派遣特殊规定

我国对劳务派遣用工方式也有着相当明确的管理。除了《劳动合同法》第五章第二节专节规定外，还有《劳务派遣行政许可实施办法》和《劳务派遣暂行规定》。根据《劳务派遣行政许可实施办法》第六条规定，经营劳务派遣业务，应当向所在地有许可管辖权的人力资源社会保障行政部门依法申请行政许可。未经许可，任何单位和个人不得经营劳务派遣业务。

为了满足代表机构的用工需求，《劳务派遣暂行规定》第二十五条还专门规定，代表机构使用派遣用工方式的，不受临时性、辅助性、替代性岗位和劳务派遣用工比例的限制。

（三）派遣外籍员工就业问题

外国企业常驻代表机构用工，除了聘请本地的中国国籍劳动者外，还可能从国外总公司、母公司直接派出外籍劳动者到中国参加长期工作。此时，被派驻外国劳动者在代表机构提供劳动的行为仍然符合《外国人在中国就业管理规定》对外国人在中国就业的规定，即没有取得定居权的外国人在中国境内依法从事社会劳动并获取劳动报酬的行为。因此，派遣外籍员工来中国就业，仍然应当按照《外国人在中国就业管理规定》的要求，为劳动者依法办理在华《外国人就业许可证书》和《外国人就业证》。

然而，派遣外籍员工，往往在国外与派遣单位签订了劳动合同，形成了国外意义上的劳动关系，为派遣的外籍员工办理《外国人就业许可证书》和《外国人就业证》的行为，并不必然改变劳动者与境外公司的劳动关系。从某种意义上说，此时外籍劳动者拥有“双重劳动关系”。劳动者若主张与中国分公司存在劳动关系，继而以中国分公司作为被申请人提出劳动争议的，需要结合具体案件情况进行判断。

一般情况下，外籍员工与境外公司签订劳动合同在先，派至中国从事工作在后，既可能与中国分公司签订劳动合同，也可能没有与之签订劳动合同。因此，仅判断双方是否存在劳动合同不足以判断劳动关系的存在，仍然需要遵循劳动法理论中的“从属性”原则，即劳动关系以人格上的从属性为主、经济上的从属性为辅的判断标准进行综合判断。不能仅仅因为外籍员工为中国境内公司工作，中国境内公司为其办理了就业许可手续及就业证就认定其与中国公司存在劳动关系。

例如，在（2014）苏审二民申字第009号案件中，再审申请人与境外母公司签订劳动合同后被派遣至中国境内子公司工作，后因劳动合同解除被免职，再审申请人以存在《外国人就业许可证书》和为办理《外国人就业许可证书》而出具的劳动合同为由主张与中国境内子公司存在劳动关系。再审法院综合考虑报酬的性质、报酬的支付、工作特征等因素，认定再审申请人与中国境内子公司不存在劳动关系，进而驳回了再审申请人的再审申请。

（四）外国人在中国短期出差与就业的区别

通过上述分析，我们自然会提出一个问题，如果外国人与境外企业签订了劳动合同，形成了劳动关系，因工作需要到中国短期出差的，是否也应当按照上述规定办理《外国人就业许可证书》。回答这个问题的关键，在于对

“就业”的规范解释。

根据《劳动部办公厅关于贯彻实施〈外国人在中国就业管理规定〉有关问题的通知》(劳办发〔1996〕65号)第一条，在中国工作的外国人，若其劳动合同是和境外法人签订，劳动报酬来源于境外，在中国境内工作三个月以上的(不包括执行技术转让协议的外籍工程技术人员和专业人员)，视为在中国就业，应按该规定到劳动行政部门的发证机关办理就业许可手续，并办理职业签证、就业证和居留证。因此，外国人与境外企业形成劳动关系后，在中国出差三个月以内的，不视为外国人就业，无须办理相关就业手续。

(五)外籍派遣员工劳动争议管辖问题

在上述类型的劳动争议案件中，还存在管辖上的争议。若劳动者起诉中国分公司，很可能因双方不存在劳动关系被驳回；若劳动者起诉境外母公司，应根据《涉外民事关系法律适用法》第四十三条规定的“劳动合同，适用劳动者工作地法律；难以确定劳动者工作地的，适用用人单位主营业地法律”确定适用法律。

具体而言，如果劳动者主要在中国工作，适用中国劳动法；如果主要工作地不在中国，合同履行地难以确定，则应考虑用人单位的主营地所在。境外公司位于境外，但在我国境内有代表机构或可供扣押的财产，可以适用用人单位主营业地法律，以上条件均不具备，则我国法院对该类争议不具有管辖权的，诉求也会被驳回；若境外母公司向在境内的外国劳动者住所地人民法院起诉，如双方就竞业禁止义务发生劳动争议，再比如双方就服务期违约责任等发生劳动争议，属于受案范围，也是根据上述规定确定适用法律，这类案件不属于我国劳动仲裁机构的受案范围，无须适用劳动仲裁前置程序。

综上，此类劳动者与用人单位发生劳动争议时，应确定好劳动关系所指向的对象，确定适用的法律，以便精准、迅速地解决问题，维护自己的权利。

(六)香港、澳门和台湾居民在内地(大陆)就业问题

根据人力资源和社会保障部在2017年修订颁布的《外国人在中国就业

管理规定》第三十一条和第三十二条，中国的台湾和香港、澳门地区居民在内地就业不应适用《外国人在中国就业管理规定》，应按《台湾和香港、澳门居民在内地就业管理规定》执行。然而，《台湾和香港、澳门居民在内地就业管理规定》已废止。根据《人力资源社会保障部关于香港澳门台湾居民在内地（大陆）就业有关事项的通知》，自 2018 年 7 月 28 日起，港澳台人员在内地（大陆）就业不再需要办理《台港澳人员就业证》，在内地（大陆）求职、就业的港澳台人员，可使用港澳台居民居住证、港澳居民来往内地通行证、台湾居民来往大陆通行证等有效身份证件办理人力资源社会保障各项业务。

（七）其他几类外籍人员就业问题

1. 主要法律规定

对外国人在中国就业进行规制的主要是人力资源和社会保障部在 1996 年发布、2017 年最新修订的《外国人在中国就业管理规定》和一系列针对外国人在中国就业的管理通知，在社保缴纳方面，主要有《在中国境内就业的外国人参加社会保险暂行办法》。

《外国人在中国就业管理规定》第二条规定，外国人在中国就业是指没有取得定居权的外国人在中国境内依法从事社会劳动并获取劳动报酬的行为。第八条规定，外国人入境后须取得《外国人就业证》和外国人居留证件，方可在中国境内就业。未按要求办理上述证件即提供劳动的外国人，无法与我国境内用人单位之间形成劳动关系，如果双方存在提供与接受劳动行为的事实，可认定双方之间实际形成了民法上的劳务关系，此种就业不属于我国法定的就业形式。只有持有《外国人就业证》的或者符合《外国人在中国就业管理规定》情形的外国人，方能与中国境内用人单位建立劳动关系。

2. 未办理就业证的劳动合同的法律效力

根据《外国人在中国就业管理规定》第十五条，用人单位为外国人办理就业证的前提是持有与被聘用的外国人签订的劳动合同。即先签订书面劳动合同，再办理就业证。这样就会产生一个问题，劳动合同签订以后，就业证却未能办理下来。此时劳动合同是否有效？由于就业证是外国人合法就业的前置条件，因此在没有就业证时，劳动合同不应有效。

3. 未签书面劳动合同支付二倍工资问题

《劳动合同法》第八十二条第一款规定，用人单位自用工之日起超过一个月不满一年未与劳动者订立书面劳动合同的，应当向劳动者每月支付二倍的工资。

对于需要办理就业证的外国人而言，按照《外国人在中国就业管理规定》第十五条的规定，用人单位为外国人办理就业证的前提是持有与被聘用的外国人签订的劳动合同，而外国人只有办理了就业证才能与用人单位之间建立劳动关系，这意味着在实践中，外国人与用人单位之间不存在没有签订劳动合同而建立事实劳动关系的情形。

对属于三种特殊情形的外国人而言，他们已经被境内用人单位聘用并持有相关证件，通常也不存在未签订书面劳动合同的情形。但是在用人单位因为疏忽而未签订书面劳动合同时，确会发生二倍工资问题。因此，用人单位聘用外国人时，必须严格依照法律规定与被聘用外国人签订劳动合同。当然，这一合同的名称并不一定称为“劳动合同”，如聘用合同、工作协议、奖学协议等都应当视为书面劳动合同。

4. 无固定期限劳动合同的签订问题

《劳动合同法》规定用人单位可以与劳动者协商订立无固定期限劳动合同，第十四条第二款同时规定了用人单位应当与劳动者签订无固定期限劳动合同的法定情形，那么在中国就业的外国人请求与用人单位签订无固定期限劳动合同能否获得支持？

《外国人在中国就业管理规定》第十七条规定，用人单位与被聘用的外国人签订劳动合同的期限最长不得超过五年，劳动合同期限届满即行终止，但按规定履行审批手续后可以续订。这意味着，外国人只能与用人单位签订期限不超过 5 年的固定期限劳动合同。

那么应当如何处理这个问题？行政机关对外国人在中国就业的行为进行定期审查，是为了履行维护就业稳定、保护本国利益的行政职能。因此，如果在中国就业的外国人向劳动争议处理机构主张与用人单位签订无固定期限劳动合同，则劳动争议处理机构会以要求当事人先取得相关的行政许可为由驳回其请求。

普法提示

随着中国经济的不断发展，近年来劳动争议案件呈现多元化趋势，无论是中国员工在外企在华代表处工作还是外籍员工的就业问题，都有各自的特点与难处。例如，我国劳动立法目前与外国人劳动关系相关的规定主要是《外国人在中国就业管理规定》，主要涉及外国人在我国就业的行政许可问题。由于该规定仅有三十六条，涉及问题有限，使得外国人在我国就业劳动争议案件的法律适用成为司法实践中的难点问题。

第一，应通过法律法规强化对外企境内代表处与外籍员工的管理。在涉外的案件中，应针对此类情况的特殊性灵活适用法律，对于新问题、新情况应及时发现并总结经验、出台司法解释等予以完善，与行政管理机构对境外企业在华代表处、外籍员工的管理相配合，加强管理的规范性。

第二，增加法律宣传。如本文案例中，外企服务公司应对本公司对外派遣的员工加强法律培训，使其对劳务派遣、离职、辞职等问题的法律后果有充分了解，才能维护自己的合法权利；北京代表处在退回派遣员工时也多有不妥，如辞职信是其公司打印，由于外企在华代表处人员较少，在法律宣传上多有不足，因此，此类企业应格外注重法律培训，对中国法律有充分了解，并在雇用、管理、辞退员工等多阶段严格遵守法律规定，这既是维护劳动者的权益，亦是对自己公司负责。可采取入职法律培训、聘请中国专业法务工作者等诸多方式增强法律意识，规范用工行为。

第三，劳动者应学习法律知识，合理维护自己的权利。在本文所述案例中，俞星星主张自己并未看清就签署文件，且其受到了胁迫，但并未提供证据予以证明。在劳动者就业过程中，特别是牵涉到离职、辞退时，要对自己的行为充分负责，对自己的签字、文件所导致的法律后果有充分了解，相应地留存证据，以达到保护自己权利的目的。

另外，俞星星主张其以为自己的劳动关系主体为北京代表处，这是其对劳动法缺乏认识所致，劳动者应对基本的、与自己切身利益相关的法律有相应的了解，才能更加直接、有利、迅速地维护自己的权利。

再有，俞星星主张两公司应支付其赔偿金，在二审中又变更请求为补偿金，除去前述劳动关系的对象问题外，其诉讼请求也并不明确，二审时变更诉求也不符合法律规定，是其对诉讼程序不清所致，故劳动者在与用人单位产生争议时，应充分了解诉讼程序，将自己可主张的权利全面、准确地表述，必要时可寻求律师或法律援助，避免浪费司法资源，也避免因不了解诉讼程序丧失了主张自己合法权利的机会。

在华代表处的劳动者就业问题与外国人就业劳动争议案件适用劳动法问题，不仅涉及我国劳动法律法规适用的具体问题，在更广阔的视野中，它还关系到规范外企在华用工、加强外国人就业管理、保障外国劳动者权利、维护我国国家利益等。为进一步实现涉外就业市场安全、有序发展，应当尽快出台相应法规或司法解释，多方联动配合，填补法律空白，化解法律冲突。

案例三　社会保险

——劳动者自愿放弃缴纳社保的声明无效

蒋媚①

案情回顾

（一）工伤职工向用人单位索要工伤保险待遇

当前，我国经济高速发展，职业伤害频发，工伤保险作为社会保险制度的一项重要内容，越来越引起全社会的广泛关注。绝大多数用人单位和劳动者都意识到工伤保险对自身权益的保护，但也有一些劳动者认为缴纳社会保险会减少收入，一些用人单位则觉得缴纳社会保险会增加用工成本，存在一些侥幸心理，逃脱法定责任。

王萍是星空酒店的一名保洁员，双方签订了期限自2013年12月30日至2016年12月29日的劳动合同，月工资标准为2400元。2016年8月26日，王萍在上班途中发生交通事故，该机动车交通事故责任纠纷经过审理，由已生效民事判决书判决保险公司在交强险范围内支付王萍医疗费996.78元、伙食补助费2600元、营养费4500元、护理费10400.01元、残疾赔偿金75755.31元、精神损害抚慰金10000元、误工费11760元（法院酌定2800元/月，计算至2016年12月28日）、残疾辅助器具费1684.68元、交通费400元、财产损失800元，程伟赔偿王萍残疾赔偿金186979.49元、鉴定费2450元、交通费600元。2016年12月29日，当地人力资源和社会保障局作出《认定工伤决定书》，认定2016年8月26日王萍在上班途中受到非本人主要责任的交通事故伤害，属于工伤认定范围，认定为工伤。2017年3月

---

① 北京市第二中级人民法院民五庭法官助理。

29日，劳动能力鉴定委员会作出《劳动能力鉴定、确认结论通知书》，载明王萍腰部一椎体爆裂骨折，行内固定术，椎体前缘高度减少小于1/2，目前已达到职工工伤与职业病致残等级标准九级。2017年7月26日，王萍申请劳动仲裁，要求星空酒店支付其2016年8月26日至2016年9月21日医药费89379.08元、2016年8月26日至2017年10月31日工资39200元、一次性伤残补助金25200元、一次性工伤医疗补助金38530元、一次性伤残就业补助金38530元、解除劳动合同经济补偿金11200元。2018年1月16日，劳动仲裁委员会裁决星空酒店支付王萍住院医药费88650.91元、2016年12月29日至2017年2月28日停工留薪期工资5200元、2017年3月1日至2017年10月31日期间基本生活费11200元、一次性伤残补助金25200元、一次性工伤医疗补助金38530元、一次性伤残就业补助金38530元、解除劳动合同经济补偿金10400元，驳回王萍其他仲裁请求。星空酒店觉得很冤，不服仲裁裁决，起诉至法院。

星空酒店提交王萍签字的《个人声明》载明："本人王萍因家中有保险原因现申请不在星空酒店缴纳社会保险（养老保险、失业保险、工伤保险、生育保险、医疗保险）。在此本人郑重声明在不缴纳各项社会保险期间不享受各项保险待遇，以后也不会以任何形式向酒店申请补偿及各项社会保险补缴手续的办理，不会因此与酒店产生纠纷，不缴纳各项社会保险期间所产生的一切后果由我个人承担与酒店无关。"星空酒店觉得很冤，并非公司不愿给王萍缴纳社会保险，而是王萍自己要求无须为其缴纳社会保险，发生工伤事故后，又向酒店主张工伤保险待遇，显然有悖诚信。王萍承认《个人声明》系她本人所签，但认为该约定因违反法律强制性规定，是无效的。

（二）法院审理结果

一审法院经审理认为，养老、医疗、工伤、失业、生育五险种是《社会保险法》规定的强制实行的法定保险制度，依法缴纳社会保险是用人单位与劳动者的法定义务。星空酒店与王萍签署的关于自愿不缴纳社会保险并自担后果的《个人声明》因违反法律的强制性规定无效。根据《工伤保险条例》

第六十二条第二款“依照本条例规定应当参加工伤保险而未参加工伤保险的用人单位职工发生工伤的，由该用人单位按照本条例规定的工伤保险项目和标准支付费用”的规定，星空酒店作为用人单位，未为王萍缴纳工伤保险，应按照工伤保险待遇项目和标准支付费用。王萍主张的住院医药费 88650.91 元于仲裁期间由社会保险部门予以核算，且未经交通事故案件处理，其基于人身损害赔偿请求权和工伤保险赔偿请求权的选择，要求星空酒店支付住院医药费，未违背“不应获得意外利益”的原则，星空酒店应支付王萍住院医药费 88650.91 元。王萍受伤后，星空酒店未再向其支付工资，王萍于 2017 年 11 月 2 日以此为由向星空酒店提出解除劳动关系，符合用人单位支付经济补偿的法定情形，故星空酒店应支付王萍解除劳动关系的经济补偿金 7633.32 元。

王萍经认定达到职工工伤与职业病致残等级标准九级，且与星空酒店已解除劳动关系，星空酒店未为其缴纳工伤保险，导致王萍要求的一次性伤残补助金、一次性工伤医疗补助金、一次性伤残就业补助金等工伤待遇无法通过工伤保险基金进行支付，星空酒店应予以支付。一审法院判决：1. 星空酒店于判决生效后 7 日内支付王萍解除劳动关系的经济补偿金 7633.32 元；2. 星空酒店于判决生效后 7 日内支付王萍一次性伤残补助金 25200 元；3. 星空酒店于判决生效后 7 日内支付王萍一次性工伤医疗补助金 38530 元；4. 星空酒店于判决生效后 7 日内支付王萍一次性伤残就业补助金 38530 元；5. 星空酒店于判决生效后 7 日内支付王萍医疗费 88650.91 元；6. 星空酒店于判决生效后 7 日内支付王萍停工留薪期工资及基本生活费 16400 元；7. 驳回星空酒店的诉讼请求。

星空酒店不服提起上诉，二审法院经审理认为，《工伤保险条例》第三十条规定，职工治疗工伤享受工伤医疗待遇，治疗工伤所需费用符合工伤保险诊疗项目目录、工伤保险药品目录、工伤保险住院服务标准的，从工伤保险基金支付。依据《工伤保险条例》第六十二条第二款规定，应当参加工伤保险而未参加工伤保险的用人单位职工发生工伤的，由该用人单位按照本条例规定的工伤保险项目和标准支付费用，星空酒店作为用人单位，未依法为王萍缴纳工伤保险，应当按照工伤保险待遇的项目与标准向其支付费用。星空酒店与王萍签署的关于自愿放弃社会保险缴纳的《个人声明》因不符合法律的强制性规定而不具备相应法律效力，判决驳回上诉，维持原判。

（三）本案争议焦点及主要问题

本案的争议焦点为劳动者签署的《个人声明》的效力问题，即用人单位缴纳社会保险的义务能否因劳动者自愿放弃而免除。答案显然是否定的，依法参加社保和缴纳社会保险费用是用人单位和劳动者的法定义务和责任，不能因用人单位与劳动者间的协议约定或劳动者自愿放弃而免除。

既然王萍签署的《个人声明》无效，且星空酒店也未为王萍缴纳社会保险，根据相关法律规定，王萍发生工伤后所产生的相应费用理应由星空酒店承担。

法理分析

法律规范依据权利、义务的刚性程度，可分为强制性规范和任意性规范。所谓强制性规范是指必须依照法律适用、不能以个人意志予以变更和排除适用的规范。《劳动法》第七十二条规定，用人单位与劳动者必须依法参加社会保险，缴纳社会保险费。该规定属于强制性规定，不能以用人单位与劳动者间的协议约定或是劳动者的自愿放弃而变更或排除适用。

工伤保险是社会保险制度的重要一项，通过社会统筹的办法，集中用人单位缴纳的工伤保险费，建立工伤保险基金，对劳动者在生产经营活动中遭受意外伤害或职业病，并由此造成死亡、暂时或永久丧失劳动能力时，给予劳动者及其家属法定的医疗救治以及必要的经济补偿的一种社会保障制度。工伤保险是分散用人单位风险，减轻用人单位负担的重要措施，通过工伤保险基金的互济性，分散风险，避免用人单位一旦发生工伤事故便不堪重负，严重影响生产经营甚至破产，有利于企业开展正常生产经营活动。工伤保险费用全部由用人单位负责。

根据《劳动合同法》第二十六条第三项规定，违反法律、行政法规强制性规定的，劳动合同无效或者部分无效。因此，劳动者单方自愿放弃或是双方约定用人单位以工资形式向劳动者发放社保补贴都是违反法律强制性规定的，自始无效，用人单位缴纳社保的法定义务不能因前述两种情形而免除。《社会保险法》第四十一条规定，职工所在用人单位未依法缴纳工伤保险费，发生工伤事故的，由用人单位支付工伤保险待遇。《工伤保险条例》第六十二条第二款规定，依照本条例规定应当参加工伤保险而未参加工伤保险的用人单位职工发生工伤的，由该用人单位按照本条例规定的工伤保险待遇项目和标准支付费用。如果用人单位未依法为员工缴纳工伤保险，无异于“裸奔”，时刻暴露在巨大工伤风险中，员工一旦发生工伤，那么由此而产生的医疗费、停工留薪期工资、一次性伤残补助金、一次性工伤医疗补助金等工伤保险待遇都将由用人单位自行承担。

知识拓展

社会保险是以劳动者为保障对象，以劳动者的年老、疾病、伤残、失业、死亡等特殊事件为保障内容的一种生活保障政策，它强调受保障者权利与义务相结合，采取的是受益者与雇用单位等共同供款和强制实施的方式，目的是解除劳动者的后顾之忧，维护社会的安定。[①] 社会保险制度起源于德国，至今世界上绝大多数国家都已经建立了自己的社会保险制度。

（一）我国社会保险制度沿革

1951 年 2 月 26 日，中央人民政府政务院颁布《劳动保险条例》，标志着新中国社会保险体系的建立。1966 年后，社会保险制度发生了变化，演变成了企业保险制度。1984 年开始，社会保险制度逐步进行改革。2011 年《社会保险法》实施，标志着我国社会保险制度的法治化。至今我国已经建立了

① 郑功成：《社会保障学：理念、制度、实践与思辨》，商务印书馆 2000 年版。

基金统筹、基金管理、基金支付等比较完整的、城乡全覆盖的社会保险体系。我国的社会保险包含养老保险、医疗保险、工伤保险、失业保险和生育保险。社会保险具有普适性、强制性和互济性。

（二）用人单位未依法为劳动者缴纳社保时，劳动者可向用人单位主张社保待遇损失

《最高人民法院关于审理劳动争议案件适用法律问题的解释（一）》第一条第五项规定，劳动者以用人单位未为其办理社会保险手续，且社会保险经办机构不能补办导致其无法享受社会保险待遇为由，要求用人单位赔偿损失发生的纠纷，属于劳动争议。劳动者可以通过申请劳动仲裁和诉讼来维护自身权益。那么，用人单位未按时足额缴纳社会保险费而致使劳动者社会保险待遇遭受损失的，该部分损失是否由用人单位承担呢？前文已经对工伤保险待遇进行了论述，故不再赘述，此处主要围绕养老、医疗、失业和生育保险四个方面进行阐述。由于各地的经济发展水平存在差异，社会保险基金的统筹问题一直都是由各地根据地方情况制定具体地方性规章进行规范，下文笔者主要以北京现行规定为代表进行阐述。

1. 养老保险，是国家和社会根据一定的法律法规，为保障劳动者在达到法定退休年龄或者因丧失劳动能力退出劳动岗位后的基本生活而建立的一项社会保险制度。随着我国农村进城务工人员源源不断地流入城市工作，我国社会养老保险制度不断完善，实现城镇居民和农村进城务工人员的全覆盖。

对于养老保险类的劳动争议案件，一般要具备以下两个条件，法院才具有管辖权：（1）用人单位未为劳动者参加基本养老保险；（2）这种损失的产生是基于不能补办养老保险，如果可以补办的话，则属于参保问题，自然不会导致养老保险待遇的损失。[1]

根据《社会保险法》第十六条规定可知，职工达到法定退休年龄时缴费

---

① 最高人民法院民事审判第一庭编：《劳动争议案件审判指导》，法律出版社 2018 年版，第 446 页。

年限满 15 年的，可以领取基本养老金；如果未满 15 年的，可以继续缴费至满 15 年，也可以选择转入新型农村社会养老保险或城镇居民社会养老保险。在《社会保险法》实施后，劳动者可以要求用人单位进行补缴社保。

对于《社会保险法》实施前，用人单位未缴纳养老保险的，应当如何救济？如果是城镇户口的职工，可以进行补缴，而对于农业户口的职工，可以请求用人单位补偿。以北京为例，《农民合同制职工参加北京市养老、失业保险暂行办法》（京劳险发〔1999〕99 号）第二十二条规定，农民合同制职工因用人单位未参加社会保险或未足额缴纳养老、失业保险费，不能享受养老保险待遇和失业保险一次性生活补助费待遇的，用人单位应按照本办法规定的标准予以补偿。《关于印发〈北京市农民工养老保险暂行办法〉的通知》（京劳社养发〔2001〕125 号）第十五条规定："因用人单位未参加养老保险或未按规定足额缴纳单位与个人的养老保险费，致使农民工不能按规定享受养老保险待遇的，用人单位应按照本办法的标准予以补偿。"此种情形属于前文中提到的属于法院有管辖权的涉及养老保险损失类劳动争议案件。

2. 医疗保险，是为了补偿劳动者因为疾病风险带来的经济损失而建立的一项社会保险制度。用人单位未为员工缴纳社会保险费用，员工生病后本应由社保部门报销的医疗费用可能全部转嫁给用人单位负担。我国很多地方的医疗保险条例均有类似规定，例如《北京市基本医疗保险规定》第五十八条规定，用人单位不按照规定缴纳基本医疗保险费或者大额医疗费用互助资金，致使基本医疗保险基金未能按照规定划入个人账户，职工和退休人员不能享受相关医疗保险待遇的，用人单位应当赔偿职工和退休人员由此造成的损失。

3. 失业保险，劳动者因为失业而暂时中断生活来源，失业保险基金为其提供一段时间物质帮助以保障基本生活。劳动者要求用人单位赔偿失业保险待遇损失的，需要同时满足三个条件，即用人单位未按规定缴纳失业保险费用、劳动者处于失业状态、劳动者满足失业保险申领条件。如果仅仅是因为用人单位未按规定缴纳失业保险费用而致使劳动者无法领取失业保险金的，用人单位应赔偿劳动者的失业金损失。以北京为例，《北京市失业保险规定》

第三十一条规定，用人单位不按规定缴纳失业保险费或不按规定及时为失业人员转移档案关系，致使失业人员不能享受失业保险待遇或影响其再就业的，用人单位应当赔偿由此给失业人员造成的损失。

4. 生育保险，是保障企业职工生育期间得到必要的经济补偿和医疗保障。生育保险待遇包括生育医疗费和生育津贴。生育保险费用由企业负担，职工个人不缴纳生育保险费。企业必须按期缴纳生育保险费。国务院《女职工劳动保护特别规定》第八条规定，女职工产假期间的生育津贴，对已经参加生育保险的，按照用人单位上年度职工月平均工资的标准由生育保险基金支付；对未参加生育保险的，按照女职工产假前工资的标准由用人单位支付。女职工生育或流产的医疗费用，按照生育保险规定的项目和标准，对已经参加生育保险的，由生育保险基金支付；对未参加生育保险的，由用人单位支付。我国生育保险的实施对象是已婚女职工，且生育行为要符合国家计划生育政策。

一些地方规定，生育津贴低于本人工资标准的，差额部分由企业补足。例如《北京市企业职工生育保险规定》第十五条第二款规定，生育津贴为女职工产假期间的工资，生育津贴低于本人工资标准的，差额部分由企业补足。

普法提示

社会保险可以分散用人单位的用工风险，为劳动者提供保障，但不少用人单位认为缴纳社会保险增加了企业的用工成本，造成巨大的经济压力，而逃避责任，少缴或漏缴社会保险。司法实践中，经常遇到此类案例，劳动者因为经济负担、年龄问题、新农合等原因，不愿意缴纳社保，跟用人单位约定以工资方式发放社会保险金或是自愿放弃社保，后双方因社保待遇损失而发生争议，诉至法庭。此种情况下，用人单位的生产经营没有任何保障，无异于“裸奔”，总的来说，将面临重大法律风险。第一，如果劳动者不幸发生工伤事故，既包括安全事故，也包括上下班途中非本人主要责任的交通事故，还包括工作过程中突发不明疾病死亡或者在48小时内抢救无效死亡等这些无法预料的突发情况，所有的工伤待遇都得由用人单位买单。按照伤残等级不同，工伤待遇轻则上万元，重则数十万元，无法想象这将给用人单位造成多大的经济负担。第二,一旦员工患重大疾病，如果没有医疗保险，实务中这笔本应该由社保部门报销的医疗费可能就全部转嫁到用人单位头上，那么类似的失业保险待遇和生育保险待遇，如果因为没有缴纳相应的社保费用，这部分社保待遇损失都将由用人单位承担。第三，如果劳动者以公司未缴纳社会保险费为由解除劳动合同，公司还有可能面临支付经济补偿金的风险。第四，用人单位未按时足额缴纳社保费的，需要缴纳滞纳金，同时也将面临欠缴数额一倍以上三倍以下的行政处罚。

未缴纳社会保险费的劳动者也同样面临重大法律风险，虽然未缴纳社保而导致的社保待遇损失可以通过仲裁、诉讼主张权利，但劳动者无法及时得到养老、医疗、工伤、失业和生育保险所对应的社保待遇，可能会给劳动者造成生活困难，甚至即便官司胜诉了，也会因为执行难而最终无法全部得到赔付。司法实践中，劳动者耗时几年诉请工伤保险待遇、医疗费的案子举不胜举，一方面劳动者因为伤残或疾病无法正常工作，失去收入来源，另一方面后续的治疗费用又没有出处，劳动者本人甚至整个家庭往往因此而陷入困境。尤其是诉请工伤赔偿的劳动争议案子，耗时更长，劳动者发生工伤后，有时还需要先诉请双方存在劳动关系，确认完劳动关系后再去工伤行政部门认定工伤及工伤等级标准，之后再仲裁要求工伤保险待遇，诉讼时间长，耗时耗力不说，不少劳动者的生活因伤返贫，甚至连子女教育也受到影响。

可见，社会保险之重要性，用人单位和劳动者都应予以重视，切不可偏激地认为缴纳社会保险费只是增加了用工成本和经济支出。用人单位应当自行申报、按时足额缴纳社会保险费。根据法律规定，用人单位应当自用工之日起 30 日内为其职工向社会保险经办机构申请办理社会保险登记。司法实践中，员工入职后较长一段时间内都未缴纳社会保险，恰巧在该时间段内，发生工伤的，用人单位因此自担工伤保险待遇的案例也屡见不鲜。另外，劳动者也应当树立正确的缴费观。

案例四

劳动合同纠纷解决机制

——协商、调解、仲裁和诉讼是劳动合同纠纷的主要处理机制

窦江涛[1]

案情回顾

（一）劳动者较长时间被拖欠工资引发诉讼

用人单位与劳动者在订立、履行、解除或终止劳动合同的过程中难免会因为这样那样的原因产生纠纷。那么纠纷产生后，用人单位和劳动者都能通过什么样的途径来解决争议，被侵害的权利都有哪些救济渠道，可能有人对此一无所知，有人一知半解，本文通过案例就劳动合同纠纷的解决路径做一个梳理和说明。

钱小七从 2016 年 3 月 7 日成为鼎鼎科技公司的员工，双方劳动合同一签就是 5 年。钱小七主要负责人事方面的工作，月工资是 6000 元。不到两年的时间里，钱小七和鼎鼎科技公司的合作非常愉快，从没有发生过拖欠工资和不缴纳社保的事情。但到了 2018 年的 2 月，鼎鼎科技公司因为种种原因没有再向钱小七支付工资，也不再给钱小七缴纳社保了。钱小七本以为事情还能有所转机，结果到了 2018 年的 4 月 13 日，鼎鼎科技公司因为拖欠租金被锁门，无法继续经营了。鼎鼎科技公司认为公司都锁门不再经营了，劳动合同就终止了。钱小七却不这么觉得，他认为 2018 年 4 月 13 日公司虽然锁门不再正常经营了，但他本人并没有停止工作，而是一直在为鼎鼎科技公司处理善后事宜，并且为鼎鼎科技公司代理了一些仲裁和诉讼案件，这期间也通过手机打卡的方式在家办公和考勤，这种状态一直持续到 2018 年的 10 月 29 日。

① 北京市第二中级人民法院民五庭法官。

钱小七认为虽然鼎鼎科技公司遭受了困难，但自己也是挺身而出对鼎鼎科技公司不离不弃，尽最大努力处理好善后事宜，但鼎鼎科技公司不但不领情，还拒绝为他提供的劳动买单，实在是“是可忍孰不可忍”，又想到自己工作期间兢兢业业，连年假都舍不得休，结果落了个自己垫进去的钱要不回来，还被拖欠工资的下场。一想到这里，钱小七就感觉气愤，与鼎鼎科技公司再三沟通无果，只好申请劳动仲裁，希望能讨个说法，要回自己的血汗钱。钱小七一共提出了六个请求，要求鼎鼎科技公司支付：1.2018 年 2 月 1 日至 2018 年 10 月 29 日期间的工资 54000 元；2.2016 年 3 月 6 日至 2018 年 10 月 29 日期间的未休年休假工资 10344.83 元；3. 解除劳动关系经济补偿金 18000 元；4. 中断社保的医药费 1159.35 元；5. 2016 年 10 月 16 日至 2017 年 2 月 22 日期间的未报销费用 4726 元；6. 2017 年 4 月 1 日至 2018 年 10 月 29 日期间的未报销费用 15144.9 元。劳动仲裁委员会作出裁决：1. 鼎鼎科技公司支付钱小七 2018 年 2 月 1 日至 2018 年 10 月 29 日期间的工资 53448.28 元；2. 鼎鼎科技公司支付钱小七 2016 年 3 月 6 日至 2018 年 10 月 29 日期间未休年休假工资 10344.83 元；3. 鼎鼎科技公司支付钱小七解除劳动关系经济补偿金 18000 元；4. 鼎鼎科技公司支付钱小七 2016 年 10 月 16 日至 2017 年 2 月 22 日期间的未报销费用 4726 元；5. 驳回钱小七的其他仲裁请求。

裁决作出以后，钱小七和鼎鼎科技公司都不服，起诉到了一审法院。钱小七的诉讼请求还和劳动仲裁期间的请求一样。鼎鼎科技公司的诉讼请求是：1. 不支付钱小七 2018 年 2 月 1 日至 2018 年 10 月 29 日期间的工资 53448.28 元；2. 不支付钱小七 2016 年 3 月 6 日至 2018 年 10 月 29 日期间的未休年休假工资 10344.83 元；3. 不支付钱小七解除劳动关系经济补偿金 18000 元；4. 不支付钱小七 2016 年 10 月 16 日至 2017 年 2 月 22 日期间的未报销费用 4726 元。

（二）法院审理结果

一审法院经审理认为，2018 年 2 月 1 日至 2018 年 4 月 13 日期间，钱小七提供了劳动，鼎鼎科技公司应当向钱小七支付工资。2018 年 4 月 14 日至 2018 年 10 月 29 日期间，因鼎鼎科技公司的原因不能正常经营，故钱小七享有下述待遇：即2018年4月14日至2018年5月13日按照提供正常劳动的标准获得工资，2018年5月14日至2018年10月29日期间按照不低于本市最低工资标准的70%获得生活费。钱小七以拖欠工资为由提出解除劳动合同，鼎鼎科技公司应向钱小七支付解除劳动合同经济补偿金。鼎鼎科技公司未提交证据证明其公司安排钱小七休完了年休假，应承担举证不能的法律后果，故鼎鼎科技公司应向钱小七支付未休年休假工资。钱小七的社会保险费虽然中断，但其看病医药费1159.35元未达到医疗保险的报销标准，对其该项请求不予支持。钱小七提交的证据不足以证明为鼎鼎科技公司垫付了未报销费用，对其相关诉讼请求不予支持。

据此，一审法院作出以下判决：1.鼎鼎科技公司自判决生效之日起10日内支付钱小七2018年2月1日至2018年10月29日期间工资28500.74元；2.鼎鼎科技公司自判决生效之日起10日内支付钱小七解除劳动合同的经济补偿金12766.98元；3.鼎鼎科技公司自判决生效之日起10日内支付钱小七2016年10月30日至2018年10月29日期间未休年休假工资差额10344.83元；4.驳回钱小七的其他诉讼请求；5.驳回鼎鼎科技公司的其他诉讼请求。

法院宣判后，钱小七不服判决提起上诉，要求支持其在一审中提出的除医药费之外的全部请求。二审中，钱小七坚持主张其正常工作至2018年10月29日，并提交与鼎鼎科技公司原法定代表人裴大刚的微信聊天记录，钱小七作为鼎鼎科技公司委托诉讼代理人参与该公司与董小聪、李小会、陈小燕、张荣荣等人的劳动争议案件的裁判文书等。

二审法院经审理认为，钱小七提交的证据不足以证明其曾为鼎鼎科技公司垫付了未报销费用，该项上诉请求，不予支持。其关于支付工资和经济补偿金的诉讼请求，并无不当，本院予以维持。钱小七提交的其作为鼎鼎科技公司委托诉讼代理人参与该公司与董小聪、李小会、陈小燕、张荣荣等人劳动争议案件的裁判文书等一系列法律文书以及授权委托书、微信聊天记录等证据足以证明，钱小七于2018年4月14日至2018年10月29日期间为鼎鼎科技公司正常提供劳动，故鼎鼎科技公司应按原工资标准向钱小七支付上述期间工资，由此导致解除劳动合同的经济补偿金需重新核算。

据此，二审法院作出如下判决：1. 维持一审判决第三项；2. 撤销一审判决第四项、第五项；3. 变更一审判决第一项为：鼎鼎科技公司于判决生效之日起 10 日内，支付钱小七 2018 年 2 月 1 日至 2018 年 10 月 29 日期间工资 53793.10 元；4. 变更一审判决第二项为：鼎鼎科技公司于判决生效之日起 10 日内，支付钱小七解除劳动关系的经济补偿金 18000 元；5. 驳回钱小七的其他诉讼请求；6. 驳回鼎鼎科技公司的其他诉讼请求。

法理分析

（一）劳动合同纠纷的主要处理体制：协商、调解、仲裁、诉讼

《劳动争议调解仲裁法》第四条规定，发生劳动争议，劳动者可以与用人单位协商，也可以请工会或者第三方共同与用人单位协商，达成和解协议。第五条规定，发生劳动争议，当事人不愿协商、协商不成或者达成和解协议后不履行的，可以向调解组织申请调解；不愿调解、调解不成或者达成调解协议后不履行的，可以向劳动争议仲裁委员会申请仲裁；对仲裁裁决不服的，除本法另有规定的外，可以向人民法院提起诉讼。上述两法条规定了我国劳动争议的主要处理体制，即协调、调解、仲裁、诉讼。

1. 协商是指劳动争议发生之后，劳动者与用人单位本着平等、合作的原则，自行协商、平等沟通，其目的是快速高效地解决劳动争议。协商是解除劳动争议的最基本手段，是我国处理劳动争议的一项重要机制。本案中，钱小七曾因拖欠工资问题与鼎鼎科技公司进行了多次协商，但最终协商未成功，未能达成和解协议。值得一提的是，《劳动争议调解仲裁法》所规定的协商机制，不仅规定了用人单位和劳动者自行协商和解的方式，还规定了劳动者请工会或者第三方共同参与的与用人单位协商的方式，两种协商方式互为补充，增进了协商达成和解的可能。此外，协商并非劳动争议处理的必经程序，发生劳动争议后，当事人可以不经协商程序而直接向劳动争议仲裁委员会申请仲裁。

2. 调解是指在劳动争议调解机构的主持下，通过说服、疏导等方法，促使用人单位和劳动者在不违背法律、法规和国家政策的前提下、平等协商的基础上自愿达成调解协议，解决劳动争议。《劳动争议调解仲裁法》第十条规定的劳动争议调解组织有：企业劳动争议调解委员会、依法设立的基层人民调解组织、在乡镇或街道设立的具有劳动争议调解职能的组织。其中企业劳动争议调解委员会由职工代表和企业代表组成。职工代表由工会成员担任或者由全体职工推举产生，企业代表由企业负责人指定。企业劳动争议调解委员会主任由工会成员或者双方推举的人员担任。

当事人申请劳动争议调解，既可以书面申请，也可以口头申请。经调解达成协议的，应当制作调解协议书，调解协议书由双方当事人签名或者盖章，经调解员签名并加盖调解组织印章后生效，对双方当事人具有约束力，当事人应当履行。自劳动争议调解组织收到调解申请之日起 15 日内未达成调解协议的，当事人可以依法申请仲裁。达成调解协议后，一方当事人在协议约定期限内不履行调解协议的，另一方当事人可以依法申请仲裁。此外，经过司法确认的调解协议具有强制执行力，一方当事人不履行调解协议的，另一方当事人可以依法申请强制执行。通过调解解决劳动争议具有快速高效、形式多样、解决彻底的特点，在劳动争议处理方面发挥了重要作用。需要指出的是，调解必须建立在用人单位和劳动者双方自愿接受的基础上，任何一方不同意就不能进行调解。此外，调解并非劳动争议处理的必经程序，发生劳动争议后，当事人可以不经调解程序直接向劳动争议仲裁委员会申请仲裁。

3. 仲裁是指劳动仲裁机构根据当事人的请求，通过对争议进行调解、依法审理作出裁决等一系列活动，是一种居中裁判的执法行为。在我国，除了社会保险缴纳、向人民法院申请支付令等特殊情况外，劳动仲裁均是劳动争议案件的前置程序，未经劳动仲裁前置程序的请求，人民法院通常不予处理。我国劳动争议仲裁委员会由劳动行政部门代表、工会代表和企业方面代表组成。在管辖方面，劳动争议由劳动合同履行地或者用人单位所在地的劳动争议仲裁委员会管辖，双方当事人分别向劳动合同履行地和用人单位所在地的劳动争议仲裁委员会申请仲裁的，由劳动合同履行地的劳动争议仲裁委员会管辖。当事人申请劳动争议仲裁后，可以自行和解。达成和解协议的，可以撤回仲裁申请。仲裁庭在作出裁决前，应当先行调解。调解达成协议的，仲裁庭应当制作调解书。调解书应当写明仲裁请求和当事人协议的结果。调解书由仲裁员签名，加盖劳动争议仲裁委员会印章，送达双方当事人。调解书经双方当事人签收后，发生法律效力。调解不成或者调解书送达前，一方当事人反悔的，仲裁庭应当及时作出裁决。

4. 诉讼是指当事人就劳动争议依法向人民法院起诉，法院依据法律法规审理案件、进行调解、作出判决等一系列活动。诉讼是人民法院通过司法程序解决劳动争议的手段。一般情况下，当事人对第一审人民法院作出的判决不服的，可以依法向上一级人民法院提起上诉，上一级人民法院所作出的判决是终审判决。此外，诉讼还包括一方当事人不履行生效裁判文书，另一方当事人申请法院强制执行的活动。

具体到本案而言，劳动者钱小七因用人单位鼎鼎科技公司较长时间拖欠工资，与鼎鼎科技公司多次协商无果，因调解并非解决劳动争议的必经程序，钱小七直接通过申请劳动仲裁的方式提出解除劳动合同并主张各项权利，符合法律规定。由于劳动仲裁委员会作出的裁决是部分支持钱小七的请求，导致钱小七与鼎鼎科技公司均不服裁决，依法起诉到一审法院。一审法院作出判决后，鼎鼎科技公司未提起上诉，钱小七依法上诉至二审法院，二审法院改判支持了钱小七的部分上诉请求。由此可见，本案的劳动争议解决路径是：协商、仲裁和诉讼。

（二）劳动争议仲裁时效

劳动争议仲裁时效是指劳动者和用人单位在法定期限内不向劳动争议仲裁机构申请仲裁，而丧失请求劳动争议仲裁机构保护其权利实现之权利的制度。[①] 由此可见，劳动争议仲裁时效与诉讼时效的性质比较相似，但在具体规定上又存在一些区别。

---

① 王全兴：《劳动法》，法律出版社 2008 年版，第 446 页。

根据《劳动争议调解仲裁法》第二十七条规定，我们可知劳动争议申请仲裁时效的期间是一年，从当事人知道或者应当知道其权利被侵害之日起计算。由此可见，劳动法上的权利是有“保质期”的，用人单位和劳动者在知道或者应当知道自己权利被侵害的时候，要及时行使权利，否则一旦超过劳动争议仲裁时效期间再提起仲裁，对方又提出时效抗辩（即主张你的权利过了“保质期”的），你很有可能陷入有权利但又无法胜诉的尴尬境地。实践中，未签订劳动合同的二倍工资的差额、未休年休假工资、解除或终止劳动合同补偿金、解除或终止劳动合同赔偿金等都是有“保质期”的，一定要注意在一年的“保质期”到来前及时行使权利。当然，考虑到劳动报酬对于劳动者生存权的特殊意义，法律特意将劳动报酬的“保质期”进行了延长，即劳动关系存续期间因拖欠劳动报酬发生争议的，劳动者申请仲裁不受本条一年仲裁时效期间的限制；但是，劳动关系终止的，应当自劳动关系终止之日起一年内提出。举个例子，如果张三在甲单位工作了五年，甲单位从第一年就开始拖欠张三的劳动报酬，那张三就这部分劳动报酬的劳动争议仲裁时效为张三入职起算那天的第六年内。

此外，劳动争议仲裁时效还有中断的规定。中断是指劳动争议仲裁时效因当事人一方向对方当事人主张权利，或者向有关部门请求权利救济，或者对方当事人同意履行义务而中断。从中断时起，仲裁时效期间重新计算。举个例子，李四的某项权利的仲裁时效截止至 2019 年 12 月 1 日，但在 2019 年 7 月 1 日的时候，李四向乙单位主张了该权利，或者向劳动监察机构请求救济该项权利，或者乙单位同意履行对应义务，那么劳动争议仲裁时效自 2019 年 7 月 1 日中断，仲裁时效期间便截止至 2020 年 6 月 30 日了。

劳动争议仲裁时效还有中止的规定。中止是指劳动争议仲裁时效因不可抗力或者有其他正当理由，当事人不能在本条一年的仲裁时效期间申请仲裁的，仲裁时效中止。从中止时效的原因消除之日起，仲裁时效期间继续计算。同样举个例子，王五的某项权利的仲裁时效截止至 2020 年 2 月 20 日，但因为 2020 年 1 月 23 日因某种特殊原因发生了不可抗力，直到 2020 年 2 月 22 日该不可抗力才消失，那么 1 月 23 日至 3 月 1 日期间属于仲裁时效的终止期间，王五在3月20日前申请劳动仲裁都算没有超过劳动争议仲裁时效。

知识拓展

（一）终局裁决

对于一部分标的较小或者因执行国家劳动标准发生的争议，我国法律设置了劳动争议案件终局裁决制度，切实压缩了审理期限，提升了裁判效率。根据《劳动争议调解仲裁法》第四十七条规定，劳动争议案件终局裁决的具体适用范围仅限于：追索劳动报酬、工伤医疗费、经济补偿或者赔偿金，不超过当地月最低工资标准12个月金额的争议；因执行国家的劳动标准在工作时间、休息休假、社会保险等方面发生的争议。

对于终局裁决案件，如果劳动者不服的，可以自收到仲裁裁决书之日起15日内向人民法院提起诉讼。而用人单位则不能直接提起诉讼，只能在有证据证明仲裁裁决符合某些情形的时候，自收到仲裁裁决书之日起30日内向劳动争议仲裁委员会所在地的中级人民法院申请撤销裁决。上述一定条件是指：适用法律、法规确有错误的；劳动争议仲裁委员会无管辖权的；违反法定程序的；裁决所根据的证据是伪造的；对方当事人隐瞒了足以影响公正裁决的证据的；仲裁员在仲裁该案时有索贿受贿、徇私舞弊、枉法裁决行为的。人民法院经组成合议庭审查核实裁决有前款规定情形之一的，应当裁定撤销。仲裁裁决被人民法院裁定撤销的，当事人可以自收到裁定书之日起15日内就该劳动争议事项向人民法院提起诉讼。

此外，如果劳动者针对终局裁决向基层人民法院提起了诉讼，用人单位又向劳动人事争议仲裁委员会所在地的中级人民法院申请撤销仲裁裁决的，中级人民法院应不予受理；已经受理的，应当裁定驳回申请。也就是说，这种情况下，该案只能由基层人民法院审理。

（二）支付令

我国法律在劳动争议处理机制中设置了支付令制度。其中，《劳动合同法》第三十条规定，用人单位应当按照劳动合同约定和国家规定，向劳动者及时足额支付劳动报酬。用人单位拖欠或者未足额支付劳动报酬的，劳动者可以依法向当地人民法院申请支付令，人民法院应当依法发出支付令。该规定实际上体现了法律对于拖欠或者未足额支付劳动报酬的一种特殊法律救济途径，其目的是更加高效地救济劳动者获得劳动报酬的权利。

《劳动争议调解仲裁法》第十六条规定，因支付拖欠劳动报酬、工伤医疗费、经济补偿或者赔偿金事项达成调解协议，用人单位在协议约定期限内不履行的，劳动者可以持调解协议书依法向人民法院申请支付令。人民法院应当依法发出支付令。由此可见，因支付拖欠劳动报酬、工伤医疗费、经济补偿或者赔偿金事项而达成调解协议对于劳动者的权利救济具有特殊性和紧迫性，可以通过向人民法院申请支付令的方式快速解决。

（三）社会保险争议

《社会保险法》第八十六条规定，用人单位未按时足额缴纳社会保险费的，由社会保险费征收机构责令限期缴纳或者补足，并自欠缴之日起，按日加收万分之五的滞纳金；逾期仍不缴纳的，由有关行政部门处欠缴数额一倍以上三倍以下的罚款。因此如果用人单位未依法为劳动者缴纳社会保险（包括期限不足或者基数不足），劳动者要求补缴而发生争议的，应该通过社会保险费征收机构解决。但由于《社会保险法》实施于 2011 年 7 月 1 日，在此之前的进城务工人员社会保险欠缴问题，因各地政策情况不同而需要另行考虑。此外，如果因为用人单位未依法为劳动者缴纳社会保险造成劳动者在工伤、医疗、失业、生育等方面无法获得相应社会保险权益的，劳动者可以通过仲裁和诉讼的方式要求用人单位予以赔偿。

普法提示

用下面三张图来说明劳动争议的纠纷解决机制。

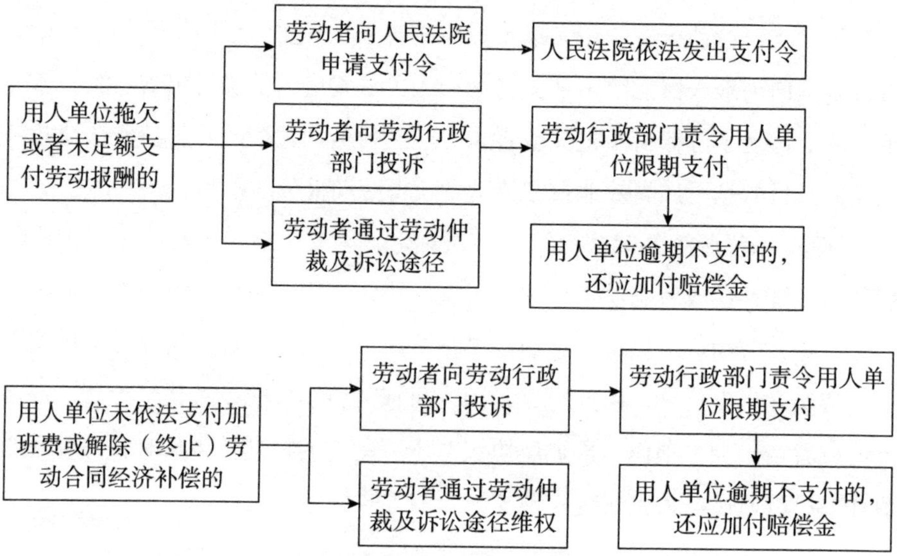

图一　劳动报酬和经济补偿的救济途径

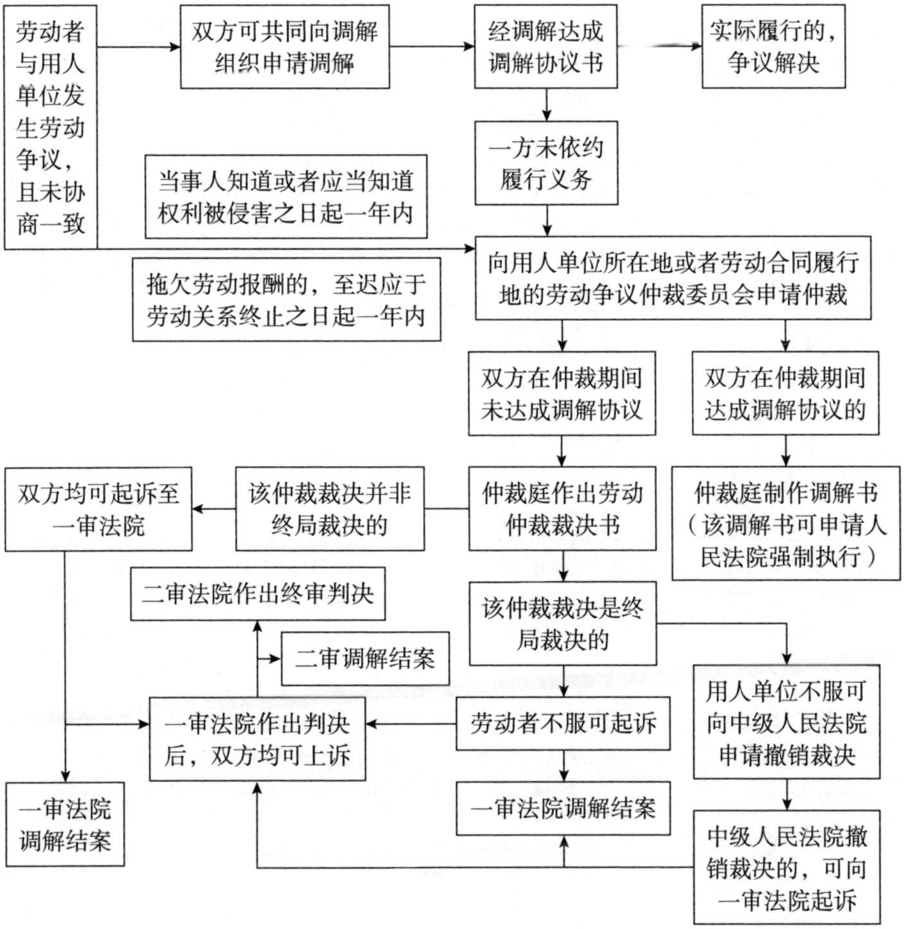

图二　劳动合同纠纷的一般解决机制

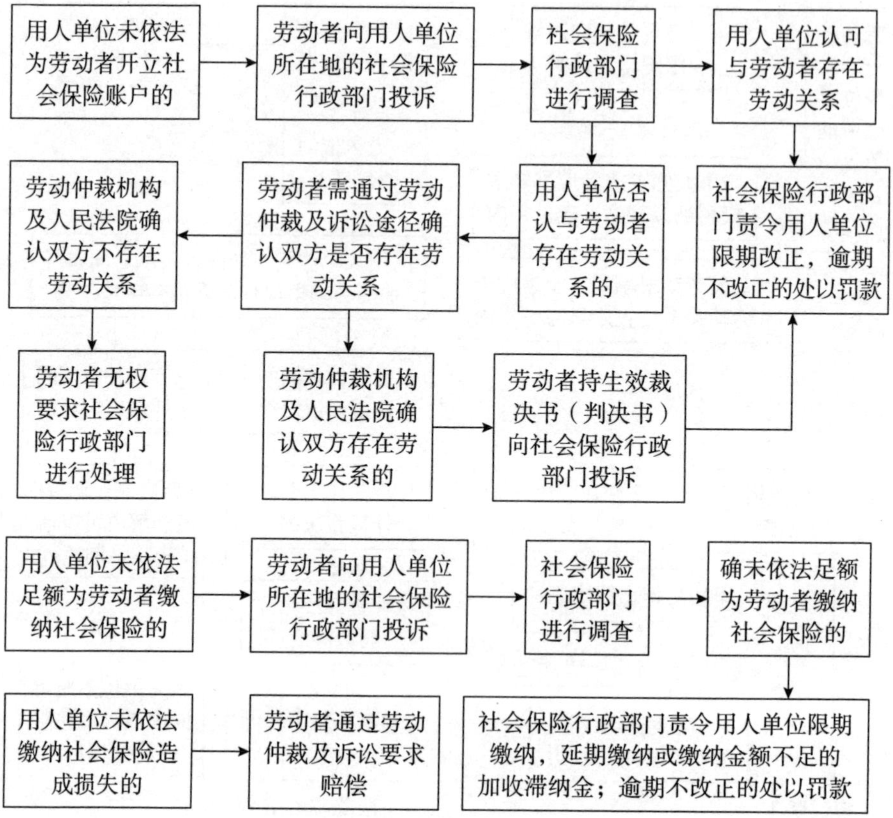

图三　社会保险纠纷的解决机制

图书在版编目（CIP）数据

劳动合同纠纷典型案例解析 / 鲁桂华主编 .—北京：中国法制出版社，2022.1

（法官说法丛书）

ISBN 978-7-5216-2320-8

Ⅰ . ①劳… Ⅱ . ①鲁… Ⅲ . ①劳动合同–经济纠纷–案例–中国 Ⅳ . ① D922.525

中国版本图书馆 CIP 数据核字（2021）第 240456 号

责任编辑：李宏伟（lihongwei@zgfzs.com）　　封面设计：杨泽江

劳动合同纠纷典型案例解析

LAODONG HETONG JIUFEN DIANXING ANLI JIEXI

主编 / 鲁桂华

经销 / 新华书店

印刷 / 三河市国英印务有限公司

开本 / 710 毫米 ×1000 毫米　16 开　　印张 / 13.25　字数 / 195 千

版次 / 2022 年 1 月第 1 版　　2022 年 1 月第 1 次印刷

中国法制出版社出版

书号 ISBN 978-7-5216-2320-8　　定价：45.00 元

北京市西城区西便门西里甲 16 号西便门办公区

邮政编码：100053　　传真：010-63141852

网址：http://www.zgfzs.com　　**编辑部电话：010-63141801**

市场营销部电话：010-63141635　　**印务部电话：010-63141606**

（如有印装质量问题，请与本社印务部联系。）